Das Buch

Jeder von uns ist einzigartig und unverwechselbar – auch wenn wir manchmal den Blick dafür verlieren und an uns zweifeln. Mit großer Offenheit und anhand ihrer eigenen bewegenden Lebenserfahrungen ruft Bahar Yilmaz das Besondere in uns wach und lässt es erblühen: unsere Begabungen, unser kostbares innerstes Wesen. Mit ihren inspirierenden Reflexionen können wir uns schnell aus Situationen lösen, in denen wir uns verloren und »nicht gut genug« fühlen. Indem wir die sanfte Stimme unseres Herzens wieder wahrnehmen und ihr folgen, schließen wir Freundschaft mit uns selbst und machen uns voll Vertrauen, Selbstbewusstsein und Freude auf in das Abenteuer Leben. Ein motivierendes Buch voller positiver Energie, das uns immer daran erinnert: Wir sind wundervoll – genau so, wie wir sind.

Die Autorin

Bahar Yilmaz ist eine der bekanntesten Lebenscoaches im deutschsprachigen Raum. Mit ihrer erfrischenden und humorvollen Art erreicht sie Menschen jeden Alters. Im Zentrum ihrer Arbeit stehen Persönlichkeitsentwicklung, ganzheitliche Heilung, Transformation und die Erforschung von Energie, Bewusstsein und Spirit. Gemeinsam mit ihrem Partner Jeffrey Kastenmüller entwickelte sie »Empower Yourself« – ein verblüffend effektives Konzept für ein glückliches, erfülltes Leben. Tausende Teilnehmer haben bereits die gleichnamige Event-Serie besucht und begeistert weiterempfohlen.

BAHAR YILMAZ

DU WURDEST IN DEN STERNEN GESCHRIEBEN

Erkenne,
wie wundervoll du bist

WILHELM HEYNE VERLAG
MÜNCHEN

Verlagsgruppe Random House FSC® N001967

Taschenbucherstausgabe 09/2021

Copyright © 2019 by Integral Verlag München,
in der Penguin Random House Verlagsgruppe GmbH,
Neumarkter Straße 28, 81673 München
Copyright © 2021 dieser Ausgabe
by Wilhelm Heyne Verlag, München,
in der Penguin Random House Verlagsgruppe GmbH,
Neumarkter Straße 28, 81673 München.
Alle Rechte sind vorbehalten. Printed in Germany.
Redaktion: Dr. Diane Zilliges
Einbandgestaltung: Guter Punkt, München
Einbandfoto: © Anna Heupel
Satz: Satzwerk Huber, Germering
Druck und Bindung: GGP Media GmbH, Pößneck
ISBN 978-3-453-70415-2

www.heyne.de

Inhaltsverzeichnis

Einleitung

*Es geht nicht darum, dein ganzes Leben von
heute auf morgen zu meistern. Entspann dich.
Meistere jeden Tag so gut wie möglich –
und mach genau das immer wieder.*

Du wurdest in den Sternen geschrieben. Niemand ist
so wie du. Niemand sieht die Welt so, wie du sie siehst.
Das, was du bist und was dich als Mensch ausmacht,
liegt jenseits von allem Weltlichen und Üblichen. Du
hast eine ganz einzigartige persönliche Signatur, die
du der Welt mit jedem Atemzug schenkst. Dein Spirit,
dein Herz, dein Geist, deine Erfahrungen und deine
Lebensgeschichte, sie sind so einzigartig wie eine
Schneeflocke, die keiner anderen Schneeflocke gleicht.
Mag sein, dass die Wissenschaft bereits sehr viel über
uns Menschen, unsere Evolution und unsere Biologie
und Psychologie weiß. Aber es gibt noch immer unendlich viele Mysterien und viele Rätsel um unser
Sein. Da ist etwas Unerklärliches, etwas, was vielleicht
einst in den Sternen niedergeschrieben wurde und mit
dem Intellekt nicht vollends verstanden werden kann.
Genau diesem »Etwas« ist dieses Buch gewidmet.

Du wurdest in den Sternen geschrieben möchte dich
mit dem Teil in dir verbinden, den unendliche Weisheit

und grenzenloses Vertrauen ausmacht. Und vielleicht ist das nicht nur ein Teil von dir, sondern deine Essenz. Das, was Zeit und Raum überdauern wird und für immer mit dem universellen Gesetz der Liebe verwoben ist. Vielleicht ist die Entdeckung davon deine Lebensmission und der Grund, warum du lebst und atmest.

Mag sein, dass du nun denkst, dass dieses Buch auf irgendwelchen spirituellen Lehren basiert oder dich von einer höheren Macht außerhalb von dir überzeugen möchte. Doch genau das ist es, was du hier nicht finden wirst. Ich bin der Überzeugung, dass dein außergewöhnliches Sein und Wesen gänzlich neue Maßstäbe und Ansätze erfordert, solche, die dir niemand geben kann, weder ich noch irgendein Lehrer oder Guru. Dieses Buch soll dich dazu einladen, zu einer Forscherin in deinem eigenen Universum zu werden, unentdeckte innere Welten zu erobern und die Symphonie deines gesamten Wesens, so wie sie in den Sternen geschrieben wurde, zu empfangen. Du besitzt einen ganz individuellen Spirit, eine innere Welt voller Möglichkeiten und unfassbar reiche Potenziale – und mit all dem spürst du den inneren Drang, diese Welt zu bereisen. Dieses Buch ist das genau passende Equipment dafür.

Irgendetwas dort draußen hat entschieden (und vielleicht warst du es selbst), dass du genauso, wie du bist, auf dieser Erde gebraucht wirst. Dass nur du diesen einzigartigen energetischen Abdruck hier hinterlassen kannst, den die Erde benötigt, um für alle Wesen immer mehr zu einem liebevollen Ort zu werden. Anders als bei vielen anderen Lebensratgebern wirst du hier keine Anleitung dazu finden, wie ein glückliches und erfolgreiches Leben funktioniert. Du wirst vielmehr in Kontakt treten mit dem Ort in dir, wo alle Antworten auf deine Fragen verborgen liegen, vielleicht sogar Antworten auf Fragen, die du noch nie gestellt hast, nach denen aber dein innerer Kompass der Erfüllung ruft.

Auf meinem Lebensweg habe ich – wie viele andere Menschen auch – so einige Täler durchlaufen, und es gab dieses eine langjährige Tal, das ich gern als die »dunkle Nacht meiner Seele« bezeichne. In meinem Inneren war es zu dieser Zeit stockfinster, und ich hatte das Gefühl, mich selbst verloren zu haben. Mir war von einem Tag auf den anderen alles in meinem Leben weggebrochen, woran ich mich hätte festhalten können: mein Job, mein Zuhause, mein Mann und alles, wovon ich dachte, dass es mich erfüllt. Doch war das wirklich Erfüllung? Heute weiß ich, dass ich mich damals einfach nur in einer riesengroßen Lüge eingenistet und mir eingeredet hatte, dass ich meinen Herzenszielen folge. In Wahrheit waren es aber die Ziele meines Ego. In dieser Phase waren meine inneren Sterne erloschen, und es überkam mich eine unendliche Angst davor, dass ich sie für immer verloren hatte.

Ich weiß nicht, an welchem Punkt du dich in deinem Leben befindest, vielleicht an einem ähnlichen Punkt wie ich damals. Wo auch immer du stehst, dieses Buch will dich an dein inneres Leuchten und deine Kraft erinnern, daran, dass du das Wunder in deinem Leben bist. Du bist das, worauf du vielleicht schon sehr lange wartest.

Ich schreibe dieses Buch für dich, aber auch für diese vergangene Version von mir selbst, die sich in einem dunklen Tal befand. Genauso ein Buch hätte ich mir damals nämlich gewünscht, ein Buch, das mir die Hand reicht und mich spüren lässt, dass das Leben mich nie vor fest zementierte Mauern stellt und das eigene Herz uns immer eine weitere Chance gibt, egal wie oft wir es verletzt haben.

Jedes Kapitel in diesem Buch soll ein weiteres Licht in dir entzünden und dich noch tiefer und authentischer wissen und spüren lassen, dass du ein Kind der Sterne bist und für ein großartiges und erfülltes Leben erschaffen wurdest. Ich kenne die Zweifel und Gedanken, die jetzt vielleicht in deinem Kopf laut werden, und an keiner Stelle in diesem Buch werde ich dich auffordern, diese Gedanken, Ängste und Zweifel loszuwerden. Wir wissen beide, dass das nicht immer so leicht möglich ist. Deshalb biete ich dir mit diesem Buch an, dich Hand in Hand mit all deinen Schatten, Ängsten, Zweifeln und negativen Gedanken auf eine spannende Entdeckungsreise in dein persönliches Universum zu machen. Du wirst für dich Wege entdecken, auf denen du trotz aller widrigen Umstände, trotz Gegenwind und Ablehnung, trotz Scheitern und Rückfall deinen nächsten Schritt gehen kannst. Und dann den nächsten Schritt und den übernächsten. Ich kenne niemanden, der sein Leben von heute auf morgen transformiert hat. Es ist ein Prozess der Entdeckung unserer

Potenziale und Kräfte. Jeden Tag ein Schritt – und das immer wieder neu. Genau bei diesen Schritten will dich dieses Buch begleiten, und was es für dich bereithält, wird nach dem einmaligen Lesen noch längst nicht erschöpft sein. Denn mit jedem Schritt in deinem Leben wirst du neue Felder in deinem Bewusstsein entdecken, die dich noch tiefere Schichten des Mysteriums Leben sehen lassen. Mit jedem Lesen wirst du weitere Botschaften und Inspirationen empfangen, die vielleicht vorher spurlos an dir vorbeigegangen sind.

Dieses Buch möchte von dir erobert werden. Es kennt keine Regeln. Es möchte zu deinem persönlichen Handwerkszeug auf deiner Entdeckungsreise werden, und wie du die einzelnen Kapitel liest, liegt ganz bei dir. Du kannst das Buch von A bis Z lesen oder irgendwo einsteigen und intuitiv durch seine Kapitel wandern. Es gibt kein Richtig oder Falsch. Was ich dir jedoch empfehlen möchte: Lass jedes Kapitel auf dich wirken, nimm dir bewusst Zeit zum Nachspüren, weniger zum Nachdenken. Lass die Inhalte sacken, und sieh in ihnen Schlüssel, die die Tore zu deinem erweiterten Bewusstsein öffnen werden.

Denk nicht so viel nach. Du brauchst nicht
alle Antworten auf alle Fragen. Das, was du
wissen musst, wird dann den Weg zu dir finden,
wenn du es am wenigsten erwartest.

Ich danke dir für dein Vertrauen. Ich weiß, dass der Eintritt in dein individuelles Universum und die Verbindung zu deinem inneren Funkeln ein sehr persönlicher Prozess ist. Danke, dass du mich daran teilhaben lässt und wir diesen Weg gemeinsam gehen. Dein Weg ist mein Weg.

Erwarte mehr vom Leben als je zuvor

Die perfekte Balance zwischen Gelassenheit und Wollen

*Nicht jeder wird deine Reise verstehen.
Das ist okay. Du bist hier, um dein Leben
zu leben. Nicht, um andere von deiner Reise
zu überzeugen.*

Früher oder später lernen wir es alle. Stress, Hektik und Druck verlangsamen unseren Prozess. Aber ganz ohne Druck würden wir wahrscheinlich nie in die Gänge kommen. Wer weiß, wo du heute wärst, wenn du nicht auch mal durch Schmerz und Druck hindurchgegangen wärst. Wer weiß, wo wir als Erdbevölkerung heute stehen würden, wenn es nicht auch immer wieder Menschen gegeben hätte, die sich selbst gefordert und von sich selbst mehr eingefordert haben als jemals zuvor.

Aber wo ist die perfekte Balance zwischen den Erwartungen an dich selbst, deinen Bemühungen um Erfolg auf der einen Seite und Gelassenheit auf der anderen? Wann weißt du, dass du zu weit gegangen bist, dass du gegen dich und deinen natürlichen Drang nach persönlicher Entwicklung arbeitest und nur von deiner Angst vor dem Scheitern angetrieben wirst? Ich glaube, dass genau das heute eine der wichtigsten Fragen ist. Wir alle müssen sie uns stellen, wenn wir nicht irgendwann einem Burn-out auf mentaler und auch seelischer Ebene verfallen wollen.

Ich bin schon seit vielen Jahren in der Szene unterwegs, in der es um die persönliche und spirituelle Weiterentwicklung geht – und es gab dabei wohl kein Thema, das so widersprüchlich behandelt wurde wie dieses. Da gab es immer wieder die spirituell angehauchten Menschen, die mir geraten haben, komplett erwartungslos zu sein und mich einfach nur vom Leben führen und leiten zu lassen. Und auf der anderen Seite waren die »Persönlichkeitsarbeiter«, die permanent davon gesprochen haben, man müsse von sich selbst ordentlich etwas einfordern und sich selbst immer wieder Druck machen, um über eine gewisse Komfortzone hinauszuwachsen.

Ich bin ganz ehrlich zu dir: Ich weiß nicht, was der richtige Weg ist, und ich glaube, jeder muss das für sich selbst entscheiden. Was ich mich aber schon oft gefragt habe, ist, wie sich mein Leben entwickelt hätte, wenn ich mich nur vom Leben hätte treiben lassen. Ich wäre ganz sicher heute nicht dort, wo ich bin, wenn ich von mir selbst nicht auch Dinge eingefordert hätte, von denen andere behauptet hatten, sie seien unmöglich. Ich hätte mich beispielsweise niemals vor Tausenden von Menschen auf die Bühne gestellt und mir selbst erlaubt, andere zu inspirieren. Ein Teil in mir redete mir ein, dass ich für andere uninteressant sei. Ich weiß es noch wie heute, wie mir mein Wirtschaftslehrer am Gymnasium geraten hatte, mich nicht mit der Wirtschaft zu beschäftigen und mir auch keinen Job zu suchen, in dem ich viel mit Menschen zu tun habe. Ich war damals sehr introvertiert und einfach auch eine Träumerin. Ich war eine Außenseiterin und habe mich am Unterricht nie so wirklich beteiligt, ich war einfach gern in meiner eigenen Welt. So hatte dieser Lehrer vielleicht recht – doch ein Teil in mir hat ihm nicht geglaubt, und so habe ich später BWL studiert. Heute mache ich nichts anderes, als mit Menschen zusammenzuarbeiten. Das ist spannend, oder?

Ich glaube, dass genau die Momente unseres Lebens entscheidend sind, in denen wir gegen eine Wand laufen oder andere uns sagen, dass etwas nicht möglich ist, oder in denen wir kurz vor dem Aufgeben sind und das Gefühl von einem freien Fall haben. In genau diesen Momenten können wir feststellen, dass wir Flügel besitzen und sie uns immer auffangen werden. Manchmal stellt uns das Leben durch das Sprachrohr verschiedener Situationen und Menschen die Frage: »Ist es dir wirklich ernst mit deinem Herzensweg? Bist du wirklich bereit, dich zu trauen und über die Erwartungen anderer hinauszuwachsen?«

Und das bringt mich auch schon zum nächsten wichtigen Punkt: Häufig verwechseln wir die Erwartungen anderer mit unseren eigenen Erwartungen an uns selbst. Vielleicht möchtest du diesen Moment auf unserer Reise nutzen, um dir die folgenden Fragen zu stellen:

* »Gibt es Dinge, die ich von mir einfordere, ohne so genau zu wissen, warum?
* Gibt es Dinge, die ich mir antrainiert habe, nachdem ich sie von anderen übernommen habe und die heute für mich und mein Sein gar keinen Sinn mehr ergeben?«

Wenn du dich mit diesen Fragen beschäftigst, wirst du vielleicht feststellen, dass ein Teil in dir noch immer den Anspruch hat, den Eltern zu gefallen und es ihnen recht zu machen. Vielleicht erscheint dir das auch völlig paradox. Denn möglicherweise leben deine Eltern nicht mehr oder sie erleben dich in deinem Alltag gar nicht und können daher überhaupt nicht wissen, was du in ihren Augen richtig oder falsch machst.

Ich möchte mit dir eine meiner wichtigsten Erkenntnisse als Lebenscoach teilen: Wir Menschen sind die widersprüchlichsten Wesen, die man sich vorstellen kann. Mit Logik kommt man gar nicht weit, wenn man die komplexe Landschaft der Seele und der Emotionen eines Menschen verstehen möchte. Ich hatte in meiner Praxis so oft den Fall, dass Menschen sich unter Druck setzten, völlig ausgebrannt waren und unter der Erwartungshaltung eines Elternteils fast zusammenbrachen, obwohl dieser Elternteil gar nicht mehr am Leben war. Eine verheiratete Frau beispielsweise litt seit vielen Jahren unter ihrer unglücklichen Ehe, aus der sie sich aber nicht lösen wollte und ihrer Ansicht nach auch nicht konnte, weil sie das Gefühl hatte, dass das eine Form des persönlichen Versagens wäre. Für mich war es auf Anhieb klar: Sie klebte an einem Ideal, das ihre Mutter ihr mitgegeben hatte, und diese Idealvorstellung, dass eine Frau ihren Mann unter keinen Umständen verlassen darf und falls sie es tut, eine Versagerin ist, hatte ihr ganzes Denken und Fühlen infiltriert und sie dazu gezwungen, sehr lange in einer Situation festzuhängen, die schädlich für sie war.

Ich unterscheide sehr klar zwischen Idealen und Standards. Ideale sind tendenziell Vorstellungen vom Leben, die wir von unseren Eltern oder der Gesellschaft übernommen haben. Ideale kontrollieren uns und unser Leben – und das Gefährliche daran ist, dass wir es meist nicht einmal merken und sie vielleicht sogar mit unseren eigenen Wertvorstellungen und Erwartungen verwechseln. Die meisten Ideale machen uns unglücklich, sie setzen uns unter Druck, und unsere versteckte Motivation ist es, alles Erdenkliche zu tun, um in den Augen unserer Familie oder der Gesellschaft nicht zu scheitern. Der Ort, von dem aus diese Erwartungen wirken, ist vollständig angstbesetzt.

Auf der anderen Seite gibt es Standards, die wir uns bewusst im Leben setzen und die wir selbst steuern und kontrollieren können. Das sind Dinge, die uns persönlich wichtig sind, Ziele und Werte, für die wir von Herzen brennen. Diese Erwartungen können auch von einem angstbesetzten Ort kommen, der Unterschied ist nur der, dass wir selbst diese Erwartungen an uns stellen und nicht zu Sklaven der Erwartungen anderer geworden sind.

Ich weiß, dass manche spirituellen Ansätze sagen: Erwarte nichts, dann kannst du auch nicht enttäuscht werden. Doch ich habe bis heute noch niemanden getroffen, der vom Leben und von sich selbst nichts erwartet hätte. Sogar wenn wir morgens aufstehen, duschen und uns für den Tag bereit machen, tun wir das aus einer gewissen Erwartungshaltung heraus – wir erwarten dabei zum Beispiel, dass andere Menschen auf eine angenehme Art und Weise auf uns reagieren. Außerdem: Etwas nicht erwarten zu wollen, ist auch eine Erwartung. Was ich in diesem Zusammenhang sehr oft gesehen habe, ist eine innere Haltung der Unterdrückung von Erwartungen, weil der Mensch so viel Angst davor hatte, enttäuscht zu werden.

Vielleicht ist das der wichtigste Punkt in diesem Kapitel: Etwas von dir selbst oder dem Leben zu erwarten, kannst du niemals vermeiden. Du kannst aber beginnen, deine Erwartungen mehr aus der Freude heraus zu steuern und jede Form von Enttäuschung und vermeintlichem Fehler willkommen zu heißen. Denn jedes Mal, wenn etwas entgegen deiner Erwartungen passiert, ist das für dich die Möglichkeit, deine Herzroute neu zu berechnen, dich für ungewohnte Ideen zu öffnen und zu lernen. Das Problem sind niemals unsere Erwartungen, es sind unsere eigenen Verurteilungen, wenn sich Erwartungen von uns selbst oder anderen nicht erfüllen.

Eine der giftigsten Energien überhaupt ist wahrscheinlich die Selbstverurteilung. Nach meinem persönlichen Scheitern damals, als ich alles im Leben verlor, wovon ich dachte, dass es meinen höchsten Werten entspricht, war ich in der Hölle meiner Selbstverurteilung gefangen. Ich entwickelte über den ganzen Körper wandernde Schmerzen, die sich die Schulmedizin nicht erklären konnte. Heute weiß ich, dass das dieser Schmerz die Reflektion meines inneren Schmerzes war. Hätte ich damals einen bewussteren Weg für mich gefunden, mit der Enttäuschung umzugehen und von ihr zu lernen, wäre ich vielleicht nicht so lange in diesem dunklen Tal gefangen gewesen.

Lass uns bis hierhin die wichtigsten Punkte zusammenfassen, mit denen du dich immer wieder auseinandersetzen kannst:

1. Es gibt einen Unterschied zwischen Idealen und Standards. Ideale kontrollieren uns, wohingegen Standards bewusst von uns kontrolliert werden können und unserem Leben eine Richtung und einen Sinn geben.
2. Versuche niemals, Enttäuschungen zu vermeiden. Lauf sogar auf Enttäuschungen zu und leg die Angst vor ihnen ab, denn dann wirst du deine Erwartungen aus einem freudvollen Zustand heraus steuern und gelassen mit Enttäuschungen umgehen können. Arbeite innerlich immer wieder mit dem Satz: »Jedes Nein bringt mich einen Schritt näher an ein Ja heran.«

3. Sperre niemals die Kraft der Erwartungen aus deinem Leben aus. Wenn du das tust, verhinderst du nämlich auch, dass die Kraft der Hoffnung dein Leben durchdringt. Hoffnung aber lässt uns überleben, Hoffnung ist das, was uns trotz widriger Umstände aufblühen lässt.

4. Finde deine persönliche Balance zwischen den Erwartungen an dich selbst und dem Freiraum, den du dem Leben lässt, dich zu überraschen und dir Möglichkeiten zu schenken, deine Standards zu erweitern. An diesem Punkt wird es umso wichtiger, dass du dir selbst die Chance gibst, zu scheitern und enttäuscht zu werden, denn manchmal kann ein Scheitern der Türöffner für neue Potenziale in deinem Leben sein.

Warum haben wir Menschen überhaupt Erwartungen an uns selbst und an das Leben? Woher stammen sie, und ist man nicht ohne Erwartungen glücklicher? Kann Mensch nicht einfach frei und ungebunden den Tag vorbeiziehen lassen und ein Leben führen, das auf Zufällen basiert? Ich glaube nicht, dass das der Weg ist. Ich glaube sogar, dass es im Leben nicht einfach nur darum geht, glücklich zu sein. Wir werden alle mit einem inneren Instinkt und einem Hunger danach geboren aufzublühen. Das ist ein Teil unseres Spirits. Entweder wir folgen diesem inneren Ruf nach Wachstum und erleben »Glück« als automatisches Nebenprodukt oder wir leisten dem gegenüber Widerstand. Die meisten Menschen sind ständig damit beschäftigt, im Außen Gründe zu suchen, warum sie ihre eigenen Standards nicht leben können. Sie suchen Ausreden und alle möglichen Wenn und Aber wie »Ich komme aus einem schwierigen Elternhaus, deswegen habe ich es nicht einfach« oder »Ich kann mich nicht öffnen, ich wurde schon so oft verletzt«. Überall werden dann Hindernisse sichtbar, und wir reden uns ein, dass wir persönlich nichts dafür können, dass wir nicht das Leben führen, das unseren Wünschen entsprechen würde. Ich sage nicht, dass das nicht stimmen kann, aber ich möchte einfach nicht daran glauben, dass wir nicht die Wahl haben, über unser Leben zu bestimmen.

Ich bin mir sicher, dass du in deinem Inneren ganz genau weißt und spürst, wie dein erfülltes Leben aussieht, und vielleicht gibt es sogar Menschen, die genau dieses Leben bereits führen und dich inspirieren. Welche Standards leben diese Menschen, was sind ihre täglichen Routinen und Rituale? Ich beschäftige mich viel mit dem Lifestyle von außergewöhnlich erfüllten Menschen, probiere immer wieder Dinge aus, die zu ihrer Lebensart gehören, und beobachte, ob das auch mich in meinem Aufblühen unterstützt. Wenn dich das anspricht: Geh auf die Suche nach Menschen, die für dich ein Vorbild sein können, insbesondere dann, wenn du für dich noch keine motivierenden Standards etabliert hast.

Es geht nicht darum, mehr von dir selbst
zu erwarten, sondern mehr vom Leben.

Ich glaube, dass unsere Welt heute Menschen benötigt, die sich trauen, so verrückt und so mutig zu sein, dass sie an Wunder glauben und daran, dass wir Menschen in der Lage sind, Dinge zu erschaffen, die bislang unmöglich erschienen. Dabei ist der Schritt heraus aus der Komfortzone der Erwartungen anderer an uns vielleicht der wichtigste. Es geht darum, ganz neue Maßstäbe an dich und an dein Leben zu setzen. Womit gibst du dich nur zufrieden, weil du es anders nicht kennst oder die Erwartungen anderer es dir so spiegeln? Hab den Mut, an genau diesen Stellen auszusteigen, und wähle den Glauben, dass du alles in dir hast, um deine eigenen Erwartungen und die anderer zu sprengen und immer mehr das zu leben, wofür du geboren wurdest: ein Wunder des Lebens.

Schmerz und Enttäuschung

Das Beste,
was dir passieren kann

*Manchmal schmerzt die Heilung
mehr als die Wunde.*

Was, wenn der Schmerz nicht mehr geht? Hast du dir diese Frage schon einmal gestellt, als du dich in einer schwierigen Phase deines Lebens befunden hast? Hast du schon einmal die Angst gespürt, dass innere Wunden nicht heilen könnten und du mit diesem Schmerz durch dein ganzes weiteres Leben gehen musst?

Diese Fragen habe ich mir immer wieder gestellt, bis ich gelernt habe, dass wir alle einen inneren Reflex der Heilung in uns tragen und dieser Reflex sich immer einschalten wird, solange wir ihm nicht im Weg stehen. Leider tun wir genau das aber nur zu oft, und ich möchte dir auf dieser Etappe unserer Reise Wege aufzeigen, wie du deine Selbstheilung aktivieren und dich wieder für das Leben mit all seinen Facetten öffnen kannst.

Ich weiß nicht, was für schmerzvolle Situationen du in deinem Leben erfahren hast. Vielleicht ertappst du dich selbst aber immer wieder mal dabei, wie du dich über gewisse Dinge und Menschen beklagst oder dich in die Rolle des Opfers begibst. Wer aber beklagt sich da eigentlich bei wem? Und ist nicht alles von uns selbst manifestiert worden? Erschaffen wir unser Leben nicht zu jedem Zeitpunkt selbst? Ich möchte nicht daran glauben, dass es eine Form von übergeordneter Instanz wie »Universum« oder »Höheres Selbst« gibt, das über uns entscheidet. Und ich möchte auch nicht daran glauben, dass wir irgendwelchen unausgesprochenen kosmischen Gesetzen oder festgefahrenem Karma unterlegen sind. Das bedeutet auf der anderen Seite aber auch, dass wir selbst die Erschaffer schmerzvoller Situationen sein müssten, die permanent die Regie in ihrem Leben führen.

An dieser Stelle ist es wichtig, mal über dieses Wesen, das ich als »Du« bezeichne, zu sprechen. Ich würde behaupten, dass das, was du bewusst von dir selbst weißt und erlebst, nicht mal die Spitze des Eisberges ist, dass du viel, viel mehr bist als alles, was du denkst, zu sein. Du bist ein multidimensionales Wesen, das auf viele verschiedene Arten und Weisen mit der Welt um sich herum verwoben ist, mit ihr permanent auch jenseits von Raum und Zeit interagiert und ein Leben führt, das weit über das hinausreicht, was du tagtäglich als dein Leben bezeichnest. Das ist einer der Kernaspekte meiner Arbeit als Energy Consultant, und dennoch staune ich bis heute darüber, wie energetisch weit, wie vielfältig verknüpft und vielschichtig wir sind, sei es in unseren Gedanken und Gefühlen, aber auch bezogen auf elektromagnetische Felder, die unter anderen von unserer Aura, unserem Herzen und unserem Gehirn ausgehen.

Es kann sein, dass du auf einer bewussten Ebene niemals nachvollziehen und verstehen kannst, warum du einen Schmerz für dich hättest erschaffen sollen. Wo sollen da Sinn und Zweck sein? Von einer menschlichen und intellektuellen Ebene aus macht das alles auch wirklich keinen Sinn – und auch ich stand in meiner Arbeit immer wieder vor dieser schier unüberwindbaren Mauer. Ich kann mich noch sehr genau an den Fall einer Mutter erinnern, deren Sohn an einem Herzversagen gestorben war. Sie war eine Frau, die an ein höheres Prinzip glaubte und immer wieder in den Gesprächen mit mir betonte, dass sie im Frieden mit der Situation sei und dass es sicherlich auf einer höheren Ebene so kommen musste. Leider waren aber nicht all ihre Anteile mit diesen Aussagen einverstanden. Sie wurde von einem Tag auf den anderen sehr schwer krank, ihr Körper hatte Krebs erzeugt. In ihr brodelte ein innerer Kampf, ein schwerer Konflikt: Sie wollte Heilung, aber gleichzeitig gab es diesen Teil in ihr, der genau diese Heilung verhinderte. Es war, als gäbe es in ihr ein Programm, das ihren Körper zu dieser Selbstzerstörung zwang, weil sie sich für den Tod ihres Sohnes verantwortlich fühlte. Sie war alleinerziehend gewesen und sah ihr persönliches Scheitern in ihrer Ehe als einen Grund für die Krankheit ihres Sohnes an. Die Information von Schuld war auf diese Weise stark aktiv in ihr, und das, obwohl sie auf mentaler Ebene eigentlich den Tod des Sohnes losgelassen hatte. Leider verstarb sie innerhalb von wenigen Monaten.

Für mich als Mensch ist diese ganze Situation einfach nur unfair und nicht nachvollziehbar, und ich will sie vor allem auch nicht irgendwie spirituell erklären. Vielleicht spürst auch du so einen inneren Widerstand bei bestimmten Ungerechtigkeiten in der Welt – aber können wir dadurch irgendetwas daran ändern, dass es Schmerz in unseren Leben und auf der Erde gibt? Nein. Aus diesem Grund müssen wir unseren persönlichen Weg heraus aus dem Schmerz und heraus aus dem Widerstand gegenüber Schmerz finden. Und meist führt uns dieser Weg mitten durch den Schmerz hindurch.

Ich unterteile die Heilung von innerem Schmerz gern in drei Phasen, und die erste Phase ist vielleicht die wichtigste und gleichzeitig auch die herausforderndste.

1. Phase: Du musst damit klarkommen, dass du nicht damit klarkommen kannst

Vielleicht musstest du diesen Satz zweimal lesen, und vielleicht ist er sogar nach dem dritten Lesen noch eine Herausforderung. Er klingt widersprüchlich und einfach nicht umsetzbar. Sich selbst Schwäche und Verletzungen einzugestehen, ist nicht so einfach. Denn es gibt immer Teile in uns, die die Konfrontation mit Schmerz vermeiden wollen, und andere Teile, die so schnell wie möglich wieder in einen Zustand der Freude wechseln möchten. Schmerz ist unvermeidbar, ob wir aber unter einem Schmerz leiden oder nicht, bleibt unsere Wahl. Leiden entsteht immer nur dann, wenn wir gegenüber dem Schmerz einen Widerstand aufbauen und ihn nicht spüren wollen, wenn wir vor ihm wegrennen. Das, wovon du wegrennst, wird dich aber jagen, und es wird immer größer und kraftvoller werden, weil es sich von deiner Angst ernährt.

Damit klarzukommen, dass deine Situation schmerzvoll ist und dass es völlig okay ist, in dieser Phase des Lebens zu sein, ist das Fundament für den weiteren Prozess, in dem die reflexartige Heilung in deinem System getriggert wird. Bevor das passieren kann, musst du aber die Verklumpungen in deinem emotionalen System lösen. Das geschieht in Phase 2.

2. Phase: In dir gibt es einen natürlichen Reflex, schmerzvolle Empfindungen loszulassen …

… es sei denn, du willst die Kontrolle behalten. In schwierigen Situationen unseres Lebens werden wir alle von einer Welle aus Emotionen überrollt – sie wechseln sich in einer verrückten Achterbahnfahrt in uns ab, von Schmerz, Trauer, Scham und Melancholie bis hin zu Wut, Aggression und Frustration. Es ist nie nur eine Emotion, die uns bewegt, sondern ein Cocktail aus verschiedenen Informationen, die durch unseren Körper jagen. Emotionale Empfindungen wandeln sich permanent und manchmal sogar innerhalb von Sekunden um. Doch wir wollen sie in Schubladen aufgeräumt haben, die wir mit irgendwelchen Begriffen etikettieren: Das fühlt sich an wie Wut, das ist Angst, das Freude und so weiter. Es geht jedoch darum, zu verstehen, dass eine Emotion einfach nur Energie in Bewegung ist. Du bist ein reines Energiewesen – und Energie zu spüren, sie in sich fließen zu lassen, ist eine ganz natürliche Sache, die du permanent tust. Probleme entstehen erst dann, wenn wir diesen Fluss unterbinden, gewisse Empfindungen als nicht empfindenswert betiteln und sie nicht spüren wollen. Wir können sie aber nicht einfach löschen oder verleugnen. Ließen wir sie in Ruhe, würden sie einfach kommen und gehen, wie die Wellen des Meeres. Was aber tun die meisten Menschen stattdessen? Sie versuchen, diese Energien zu kontrollieren und vom Rest ihres energetisch-emotionalen Systems abzukoppeln. Ich nenne diese Emotionen gern »verklumpte Emotionen«. Sie sind eingesperrt in uns, und wir denken, auf diese Weise hätten wir sie im Griff. Dabei ist es eher so, dass unsere verklumpten Emotionen das gesamte emotionale System beeinflussen und alle anderen Emotionen in ihrem Griff halten.

Eines der größten Probleme unserer Menschheit ist, dass wir schöne Momente festhalten wollen. Wir sind genau deswegen süchtig nach unseren Handys, wir sind zum Beispiel verliebt in ihre Funktion, Emotionen einzufangen, denen wir eine positive Bedeutung geben. Wir denken, dass wir durch das Festhalten dieser Momente im Nachhinein ähnliche Emotionen produzieren können und das Angenehme aus der Vergangenheit dadurch nicht gänzlich verloren ist. Auch das ist aber eine Strategie, die Emotionen einschließen zu wollen, weil wir Angst davor haben, dass die Zukunft für uns möglicherweise keine weiteren freudvollen Augenblicke bereithält. Das heißt natürlich nicht, dass du nicht mehr fotografieren sollst. Doch das Warum dahinter ist wichtig. Manchmal verschließen wir uns echten Erfahrungen, weil wir permanent damit beschäftigt sind, das perfekte Foto zu erhaschen.

In Phase 2 der Heilung von emotionalen Schmerzen geht es darum, den Widerstand gegenüber den aufkeimenden Empfindungen zu verlieren und sich selbst zu erlauben, sie einfach zu fühlen. Versuche das nächste Mal, wenn du in einer schmerzhaften Situation bist, für einen Moment die Augen zu schließen, bewusst zu atmen und zu spüren, welche Stellen deines Körpers sich dicht und eng anfühlen und wo es sich offen und leicht anfühlt. Scanne deinen Körper ab. Spürst du Hitze, Kälte oder etwas anderes? Versuche zu vermeiden, es gleich als angenehm oder unangenehm zu betiteln, und arbeite mit dem Satz: »Es ist alles Energie in Bewegung, und ich erlaube dem Fluss dieser Informationen, mein ganzes System zu durchdringen.« Mit der Zeit wirst du darin immer besser werden und feststellen, dass dir jede

Form von Emotion ein zusätzliches Stück Lebendig-keit verleiht.

Kennst du Menschen, die sich von nichts begeis-tern lassen? Die sich über nichts so richtig freuen können und ihre Lebensfreude irgendwie verloren haben? Vielleicht gehörst du selbst auch zu diesen Menschen, und du wünschst dir, wieder wie ein Kind zu sein, ungebunden, frei, verspielt und voller Freude. Ich glaube, diesen Wunsch haben wir alle, oder? Doch warum können kleine Kinder eigentlich so ausgelassen und begeisterungsfähig sein? Der wichtigste Grund ist der, dass sie noch nicht verletzt wurden, dass sie keinen inneren Groll hegen. Es ha-ben sich noch keine verklumpten Emotionen in ih-nen gebildet, sie wurden noch nicht dazu erzogen, gewisse Empfindungen zu unterdrücken, und leben einfach die gesamte Palette des emotionalen Spek-trums. Aber auch als Erwachsene können wir diesen Zustand erleben, wenn wir es uns wieder erlauben, alles zu fühlen, was gerade da und in uns aktiv ist.

Jedes Mal, wenn sich in deinem bisherigen Leben eine Verletzung oder ein Schmerz gezeigt hat, hast du ihm vielleicht die Tür vor der Nase zugeschlagen, ohne zu wissen, dass du damit nicht nur diese unan-genehme Emotion ausgesperrt hast, sondern auch die schönen und angenehmen Gefühle. Es ist nicht möglich, nur eine Seite einer Münze in der Hand zu halten. Wenn du eine Münze in der Hand hast, dann immer beide Seiten. Oder anders ausgedrückt: Du kannst nicht ins Meer gehen und dabei vermeiden, nass zu werden. Die eine Erfahrung gibt es immer nur in Kombination mit der anderen. Hattest du schon einmal dieses außergewöhnliche Erleben, vor lauter Begeisterung und Freude zu weinen? In diesen Momenten ist die intensive positive Berührtheit ein Ventil für unterdrückten Schmerz aus der Vergangenheit. Und du siehst daran, dass sich Emotionen gegenseitig unterstützen, um besser fließen zu können.

Der moderne Mensch, der im Konsumwahn und in kurzfristiger Bedürfnisbefriedigung gefangen ist und sich nicht mit sich selbst und seinen inneren Wunden beschäftigen möchte, ist meist auch desensibilisiert gegenüber echten, berührenden Erfahrungen und Emotionen. Das ist auch der Grund, warum sich Unternehmen und Medien mit der Frage beschäftigen müssen, wie sie den Kunden noch »krassere« Erfahrungen geben können. Viele Menschen brauchen eine immer noch höhere Dosis an Input, um überhaupt irgendetwas zu fühlen (und dann das Produkt zu wollen). Das führt dann zu Lebensmitteln mit immer mehr Geschmacksverstärkern, Zucker und Salz oder zu immer brutaleren Filmen, damit die abgestumpften Gemüter doch noch irgendwas fühlen können. Ich denke, dass dieses Phänomen unser ganzes Leben durchzieht – solange wir an der falschen Stelle nach dem »Kick« suchen. Manchmal geht es im Leben aber vielleicht darum, das Großartige hinter einem einzigen Lächeln zu sehen.

Wenn du dieses Wissen in Verbindung mit deinem Schmerz in dein Leben bringst – wenn du also einfach fühlst, was es in dir zu fühlen gibt –, dann hast du das Fundament für eine Heilung auf emotionaler und energetischer Ebene gesetzt. In Phase 3 kannst du dir dann die große und wichtige Frage nach dem »Warum« stellen.

3. Phase: Alles ergibt einen Sinn

Ich möchte daran glauben, dass alles im Leben einen Sinn hat. Manchmal sehen wir diesen tieferen Sinn hinter Schmerz und Verletzungen erst Jahre später. Vielleicht erkennen wir ihn aber auch gar nicht zu Lebzeiten, sondern erst, wenn wir die menschliche Erfahrungszone Erde verlassen haben. Vielleicht war der Sinn hinter manch einer Wunde einfach nur der, uns wieder beizubringen, etwas zu spüren und das gesamte Spektrum an menschlichen Erfahrungen und Emotionen zu durchleben. Von einer höheren und überpersönlichen Ebene aus ist nämlich alles erst einmal nur eine Erfahrung.

Das Schöne an Phase 3 ist, dass sie sich eigentlich wie von allein einstellt, wenn du die ersten beiden Phasen voll und ganz gelebt und integriert hast. Hier schaltet sich nämlich der natürliche Reflex deines Seins für Heilung ein, du musst dafür nichts bewusst tun. Halte einfach ein Auge darauf gerichtet, was dieser Schmerz dir zeigen wollte. Er wollte dich etwas lehren. Vielleicht das Loslassen oder das Vergeben. Vielleicht war das Ganze der perfekte Plan dafür, dich in jemanden zu verwandeln, der irgendwann anderen Menschen Hilfe und Unterstützung bei ähnlich schmerzvollen Erfahrungen im Leben geben kann. Glaub mir, der Sinn wird dich finden, auch wenn du ihn nicht suchst. Dieser Loop an Geschehnissen wird sich schließen, und du wirst in deiner Persönlichkeit gereift sein.

Hast du schon einmal in Augen geblickt, die sehr viel Tiefe ausstrahlen? Meistens gehören sie zu Menschen, die im Leben viel durchlebt haben, aber diese Schmerzen haben es nicht geschafft, den Menschen zu »brechen«. Vielmehr wurde der Mensch für tiefe und echte Erfahrungen aufgebrochen. Ich glaube, dass unsere Erde mehr Menschen mit einer solchen Tiefe braucht, Menschen, die nicht davor zurückschrecken, sich vom Leben aufbrechen zu lassen. So wie Rumi sagte: Die Wunde ist die Stelle, wo das Licht durchscheint.

Wenn du schon viele Kämpfe ausgefochten hast,
aber immer noch an dich glaubst,
wenn du gefühlt tausend Mal verletzt wurdest,
aber immer noch lieben kannst,
wenn du trotz allem Dunkel in der Welt
noch das Licht zu sehen vermagst,
wenn noch immer Tränen dein Gesicht
benetzen und du noch immer lachen kannst,
wenn die Nächte deiner Seele immer
dunkler und die Tage deiner Seele
immer heller werden,
wenn du durch deine Kraft und deine Liebe zum
Leben Wunder siehst,
auch wenn sie sich vor dir verstecken,
wenn du lachst und weinst
und das Spiel der Gegensätze als deinen größten
Lehrer anerkennst,
wenn du noch immer strahlst, glaubst
und daran festhältst, dass Frieden
und Licht für dich und uns alle möglich sind,
dann hast du einen Ozean voller Liebe verdient,
einen unaufhaltsamen Fluss der Wunder, einen
tiefen See voller Erkenntnisse
und eine Lebenswelle voller wundersamer
Abenteuer.

Wahre Stärke in Zeiten der Einsamkeit

Ergründe die wirklichen Hintergründe der Vereinzelung

Sie haben dich nicht verlassen. Sie haben dir die Möglichkeit geschenkt, zu entdecken, wie stark du allein sein kannst.

Fühlst du dich einsam? Vielleicht auch unverstanden von der Welt um dich herum? Verlassen und allein? Falls ja, bist du nicht allein in deiner Einsamkeit, denn sehr viele Menschen fühlen sich vor diese Herausforderung im Leben gestellt, was auf dem ersten Blick erst einmal absurd erscheint. Denn durch die digitale Welt mit den sozialen Medien scheinen wir heute viel mehr verbunden zu sein als jemals zuvor. Aber wir sitzen einsam und verlassen hinter unseren elektronischen Geräten, und eine innere Leere breitet sich wie eine Epidemie von Tag zu Tag mehr aus.

Ich glaube, dass wir alle bewusst oder unbewusst die Einsamkeit und auch die Sehnsucht nach echten Verbindungen kennen und dass das vielleicht sogar ein Aspekt unserer Menschlichkeit und Menschheitsgeschichte ist. Meine Großmutter sagte mir einmal: »Mein Kind, du wirst auf dieser Erde keinen Menschen treffen, der einsamer ist als ich.« Sie war diejenige, die mich aufzog, mich in ihre spirituelle Welt einweihte und in mir ein Fundament für meine heutige Arbeit legte. Sie hatte im Leben sehr viele Schicksalsschläge erlitten. Ihr Mann war sehr früh verstorben, sie verlor ihren Sohn bei einem Autounfall, und ihre Kindheit und Jugend waren durchzogen von Ablehnung und Gegenwind. Sie war anders als die anderen Mädchen in ihrem Dorf, interessierte sich für die Welt draußen, wollte sich weiterbilden und hatte eine sehr hohe Empfindsamkeit gegenüber den Gedanken und Gefühlen anderer und gegenüber feineren Energien. All das durfte sie aber nicht ausleben und wurde so innerhalb ihrer Familie und ihres Umfelds immer mehr zu einer Außenseiterin. Sie war durchaus eingebettet in ein großes soziales Netzwerk, aber dennoch war sie einsam.

Das ist die Form von Einsamkeit, die die meisten Menschen betrifft. In Wahrheit sind wir alle permanent umgeben von Menschen, aber innerlich dennoch allein. Natürlich gibt es auch die Form des tatsächlichen Alleinseins: Ein Mensch lebt allein und hat nur sehr wenige soziale Kontakte. Da muss ich an meine andere Oma denken. Sie liebte es, allein zu sein und war immer froh, wenn der Besuch wieder ging. Häufig sind nämlich die Menschen die einsamsten, die sich inmitten von Menschen verlassen fühlen.

Wir leben im Zeitalter der Individualität und sind alle ein Stück weit verliebt in den Gedanken, unabhängig zu sein und unsere Privatsphäre zu haben. Wir wollen ungestört sein und fordern von anderen ein, unseren privaten Schutzraum zu achten. Gleichzeitig steigt dadurch unser Bedürfnis nach Verbindung, denn wir sind und bleiben soziale Wesen, die ohne Verbindungen zu anderen Lebewesen nicht überleben könnten.

Wir leben auch im Zeitalter der Digitalisierung, und es ist für viele von uns üblich, dass wir mehr digitale Kontakte und Verbindungen pflegen als reale. Die meisten von uns haben auf Facebook mehr Freunde als in der Realität, und wir können diese Kontakte so steuern, wie es uns passt. Wir behalten die Kontrolle über diese Verbindungen, können Leute blockieren oder aus unserer Freundesliste löschen, wenn sie uns nicht mehr passen. In dieser digitalen Welt zeigen wir zudem nur die Dinge und Seiten von uns selbst, die wir als »zeigenswert« ansehen und die uns in einem guten Licht darstellen. Wir flüchten in diese perfekte Scheinwelt und werden vielleicht sogar mit der Zeit süchtig nach dem Gefühl, uns der Welt präsentieren zu können, und zwar gefiltert, sortiert und so bearbeitet, dass eine Makellosigkeit vorgegaukelt wird, die in der Realität nicht existiert.

Ich empfinde die sozialen Medien ähnlich wie auch Geld als einen »Verstärker« von Qualitäten und Aspekten, die bereits in uns sind und durch diese Medien und Mittel einfach mehr zum Ausdruck kommen. Wenn ein Mensch voller Mitgefühl ist, wird er die sozialen Medien so einsetzen, dass dieses Mitgefühl mehr wachsen darf. Wenn ein Mensch voller Hass und Unsicherheit ist, können sich diese Aspekte vielleicht in beleidigenden Kommentaren oder verletzenden Beiträgen zeigen.

Die sozialen Medien haben so viel an Beliebtheit gewonnen, weil so viele Menschen das starke Bedürfnis nach Verbindung und eine riesige Angst vor Einsamkeit haben. Unter diesem Bedürfnis nach echten Verbindungen zu anderen Menschen schlummern noch weitere Bedürfnisse, die, wenn sie nicht erfüllt werden, eine tiefe Einsamkeit in uns hervorrufen: das Bedürfnis, gesehen zu werden, geliebt zu werden, eine Bedeutung für die Welt zu haben, einen Platz im Leben von anderen einzunehmen und sich mit etwas Großem verbunden zu fühlen. Wenn ein Mensch sagt »Ich bin so einsam«, dann ist das meist ein Hilfeschrei. Er fleht darum, dass ihm irgendjemand zeigt, dass er gesehen, geliebt und gebraucht wird. Für meine Großmutter war ich vielleicht die Antwort auf diese Bitte. Denn ihr Körper und ihr Geist waren am Ende, als ich geboren wurde. Ich aber gab ihr die Hoffnung und auch die Liebe, die sie vielleicht ihr Leben lang nicht erhalten hatte, und sie blieb am Leben, bis ich die sensible Phase meiner Kindheit durchlebt hatte, sorgte für mich und sah in mir ihren Lebenssinn. Ich war für sie die Möglichkeit, etwas von dem, was sie in ihrem Herzen trug, mit der Welt zu teilen.

Hinter dem Satz »Ich bin so einsam« steckt noch viel mehr, als du vielleicht ahnst. Er ist die Reflektion von einem Bewusstsein, das eine Art Schutzwall gegenüber anderen Menschen aufgebaut hat, weil diese Menschen verletzend oder ablehnend waren. Einsamkeit ist eine Strategie, um mit dem Schmerz der Ablehnung durch andere besser umgehen zu können. Wir wollen immer die Kontrolle behalten, und wenn wir uns selbst einreden, dass wir zu anders und zu besonders sind und andere uns einfach nicht verstehen können, haben wir unseren Schmerz beruhigt. Der Fakt, abgelehnt zu werden und nicht dazuzugehören, wird dann erträglicher. Wir betten uns in dieses komisch-angenehme Gefühl der Andersartigkeit ein. Wenn wir sagen »Ich bin zu anders, als das mich andere verstehen könnten«, haben wir sofort wieder die Kontrolle über diese Verbindungen. Wir selbst sind dann diejenigen, die die anderen aussortiert haben, und nicht umgekehrt. Gefühle von Einsamkeit und Unverstanden-Sein können auf diese Weise ein emotionales Zuhause für uns werden und unsere Unfähigkeit, uns auf andere wirklich einzulassen, unterstützen.

Ich weiß nicht, ob Einsamkeit überhaupt ein Thema für dich ist, aber ich weiß, dass mir die meisten Menschen, die auf mich und mein Wirken aufmerksam werden, auf vielen Ebenen sehr ähnlich sind. Und Einsamkeit ist in meinem Leben tatsächlich ein Dauerthema, und ich habe bis heute noch keinen Weg gefunden, mich selbst nicht einsam zu fühlen. Ich nutze meine Einsamkeit mittlerweile aber bewusst für meinen Weg und kann dahinter Geschenke sehen – und genau das möchte ich mit dir teilen.

Könnte es sein, dass das Gefühl von Einsamkeit auch positive Dinge mit sich bringt? Geh für einen Moment in dich und stell dir diese Frage. Kann es sein, dass hinter der Einsamkeit versteckte Vorteile verborgen liegen, die dir auf Anhieb nicht bewusst sind? Wenn es nämlich solche Vorteile gibt, sind dies zugleich auch Gründe, die Einsamkeit nicht loszulassen, denn sie gibt dir ja etwas. Dann wird die Einsamkeit zu einem wichtigen Teil deiner Persönlichkeit, du beginnst dich damit zu identifizieren – und das ist der Punkt, an dem wir uns vor dem Schatten der Einsamkeit in Acht nehmen müssen. Es könnte sein, dass wir unbewusst jedes Mal, wenn wir jemand Neues kennenlernen, Gründe dafür suchen, warum wir nicht zu diesem Menschen passen. Denn würden wir uns auf den anderen wirklich einlassen und ihn in unser Leben lassen, müssten wir auch unsere Einsamkeit gekoppelt mit unserer Andersartigkeit aufgeben. Das könnte unter Umständen mehr Schmerz erzeugen, als weiterhin einsam zu bleiben.

Vielleicht ist das der Grund, warum es viele Menschen gibt, die jahrelang Single bleiben. Das Single-Dasein wurde zu einem Teil von ihnen und gibt ihnen einfach viel an Identifikation, Besonderheit und Andersartigkeit.

Andere Menschen bleiben in ihrer Einsamkeit hängen, weil dies für sie eine Form von Selbstmitleid ist und ein Weg, sich selbst überhaupt zu spüren und sich mit sich selbst auseinanderzusetzen. Oder es läuft in ihnen ein Programm der Selbstbestrafung, das sagt, dass sie es nicht verdient haben, von anderen gesehen und geliebt zu werden. Sie können sich für gewisse Dinge aus der Vergangenheit nicht verzeihen, und das zwingt sie dazu, in ihrer Einsamkeit festzuhängen. Ich bin mir sicher, es gibt noch viele weitere Aspekte, die sich in einer Einsamkeit verstecken können. Statt hier noch weitere anzuführen, möchte ich dich anregen, in dir selbst danach zu forschen. Es kann sein, dass du dadurch viele blinde Flecken in dir aufdeckst und die wahren Ursachen deiner Einsamkeit entdeckst, die erst einmal gar nichts mit anderen Menschen zu tun haben, sondern nur mit dir selbst.

Mit dem Satz »Ich bin so einsam, niemand versteht mich« schadest du dir mehr, als du denkst. Auf Dauer kann er nämlich dazu führen, dass du das, was du bist, nicht mit der Welt teilst, dass du es mit niemandem teilst, dass du deine Erfahrungen mit niemand anderem austauschst und intensivierst. Du hältst dann das, was du als einzigartiges Wesen auf diese Erde gebracht hast, zurück. Die Welt verpasst auf diese Weise all deine innere Schönheit, deine vielen Facetten, deine innere Weisheit und deinen Erfahrungsschatz. Findest du das fair? Die Welt braucht dich. Hör auf, mit dir selbst und den Farben deiner Seele zu geizen, nur weil die Einsamkeit ein Teil deines emotionalen Zuhauses geworden ist. Du kannst anders und »speziell« sein und bleiben, du musst deswegen nicht einsam sein. Das eine hat mit dem anderen nichts zu tun. Denn so wie du anders bist, ist das jeder andere auch. Indem du deine

Andersartigkeit offen lebst und kommunizierst, wirst du andere auch dazu inspirieren.

Ich möchte dich einladen, dich auf der anderen Seite auch für folgende Idee zu öffnen: Eine gewisse Einsamkeit ist für das Überleben deines individuellen Spirits essenziell wichtig. Wir werden ständig mit Informationen bombardiert, und es kann schnell passieren, dass wir vergessen, wer wir sind und was uns persönlich ausmacht. Einsamkeit kann in so einer Zeit ein Luxus sein. Es ist eine Form der Freiheit, sich zurückziehen zu können, sich zu sammeln, sich selbst auf einer tieferen Ebene zu begegnen. Einsamkeit ist auf diese Weise eine Einladung, nicht einsam zu sein. Du wirst in dieser Einsamkeit so viele Geschenke entdecken, innere Reife und Tiefe entwickeln und etwas über den wichtigsten Menschen in deinem Leben lernen: über dich selbst. Diese Art von Einsamkeit ist nicht leer, sie ist voller Antworten.

Niemand kennt dich wirklich

Wie du mit Kritik umgehst,
ohne an ihr zu zerbrechen

*Die Meinung anderer über dich ist eine Meinung
über dich, nicht die Wahrheit über dich.*

»Du bist ein Engel.« »Ich finde dich einfach unauthentisch.« »Du bist mein größtes Vorbild.« »Du bist abscheulich.« »Du hast mein Leben gerettet.« »Keiner will dich sehen oder hören.« »Du gibst so viel von Herzen.« »Du bist nur auf das Geld aus.« »Du bist so eine wundervolle Frau.« »Du bist viel zu männlich.« … Das sind nur ein paar wenige von all den Kommentaren und Posts, die auf meinen Internetkanälen immer wieder auftauchen, und wie du sehen kannst, könnten die Aussagen über mich und meine Arbeit nicht widersprüchlicher sein. Jeder hat eine Meinung, jeder sieht mich durch einen persönlichen Filter wie durch eine Brille und sieht etwas komplett anderes in mir. So ergeht es jeder Person, die in der Öffentlichkeit steht, ganz egal wie groß oder klein ihre Reichweite ist. Wir sind alle nicht davor gewappnet, in Schubladen gesteckt zu werden.

Als ich ganz neu in dieser Welt unterwegs war, hat mich die teilweise verletzende Kritik wirklich zu Boden geworfen, und ich konnte mich zum Teil tage- und wochenlang nicht davon erholen. Ich schlief mit diesen Vorwürfen anderer ein, wachte mit ihnen auf und hatte permanent eine innere Spannung, die dazu führte, dass ich ständig verspannt war und irgendwann auch mein Immunsystem zusammenbrach. Ich hatte ständig irgendetwas und das hörte nicht auf – bis zu dem Tag, an dem ich den Zusammenhang zwischen der Kritik von außen und meinem inneren Zustand erkannte.

Wir alle lieben Komplimente. Oder vielleicht doch nicht? Jeder von uns hat schon mal ein Kompliment erhalten, und diese Momente sind für die meisten von uns irgendwie unangenehm. Obwohl wir uns Wertschätzung wünschen, wissen wir nicht, wie wir darauf reagieren könnten, werden vielleicht rot, und unsere inneren Selbstgespräche werden aktiv. Eine Stimme sagt dann vielleicht »Ach, der kann das nicht ernst meinen« oder »Sie sagt das nur, weil sie etwas von mir will« und so weiter. Das heißt, wir stoßen das Kompliment von uns weg, weil wir über uns selbst nichts Gutes denken und eigentlich viel mehr daran gewöhnt sind, Kritik zu empfangen. Das sollten wir wirklich mal sacken lassen. Wie traurig das ist, oder? In was für einer Welt leben wir eigentlich, wo wir es ganz natürlich akzeptieren und annehmen, kritisiert zu werden?

Aber jetzt Ende des Selbstmitleids. Lass uns hinter diese Fassade blicken. Ich möchte dich ermutigen, durch Kritik egal welcher Art deine innere Kraft zu verstärken und dir langfristig ein persönliches Universum zu erschaffen, in dem Liebe, Mitgefühl und Anerkennung stärker sind als alles andere.

Jeder von uns hat auch schon einmal die Erfahrung gemacht, kritisiert zu werden. Egal, wie oft oder durch wen, du hast es persönlich genommen – und vielleicht denkst du dir jetzt: »Ja klar, es ging ja um mich, wie könnte ich das nicht persönlich nehmen?« Das stimmt. Aber es gibt noch eine weitere wichtige Komponente hinter jeder Kritik, die dich erreicht. Der Kritisierende kritisiert dich, aber noch viel mehr sich selbst. Jede Form von Kritik, die ausgesprochen wird, um im anderen Schmerz zu verursachen und ohne konstruktive Wege aufzuzeigen, hat viel mehr mit der kritisierenden Person zu tun als mit der, die kritisiert wird. Wir Menschen haben ein tiefes Bedürfnis, die Menschen in unserem Umfeld auf unser Level an Schwingung und emotionaler Ladung runterzuholen oder zu erheben, je nachdem, wo wir uns selbst befinden. Wenn es dir gut geht, willst du diesen erhebenden Spirit mit der Welt teilen, du grüßt die Menschen freundlich auf der Straße, machst Komplimente, lächelst. Das Ganze sieht aber an Tagen mit schlechter Laune komplett anders aus. Du grüßt vielleicht nicht mal, fühlst dich von allem und jedem irgendwie angegriffen und nimmst jedes Wort und jeden Blick persönlich. Wir kennen alle diese Tage.

Dieses Bedürfnis nach einer Schwingungsanglei-
chung äußert sich nicht nur im alltäglichen Umgang
miteinander. Es führt viele Menschen dazu, ge-
schützt und sicher in der Anonymität der digitalen
Welt ihre angestaute Energie und ihre ungeklärten
Emotionen hinauszuschleudern. Das ist der große
Schatten des Internets, der schon viele Menschen
und Leben zerstört hat und meines beinahe auch. Ich
war sogar einmal kurz davor, mein ganzes Wirken
und meinen Herzensweg aufzugeben, weil ich es
nicht mehr ertragen wollte. Ich hatte diesen Menschen die Macht gegeben, mich durch ihre Kommen-
tare zu verletzen. Und heute bin ich froh, diese Macht
zu mir zurückgenommen zu haben und weiter meinen Weg gehen zu können.

An dieser Stelle erscheint es mir sehr wichtig, zu
unterscheiden, von welchem Ort die Kritik stammt.
Wenn sie von einem schmerzvollen Ort stammt, will
sie den anderen verletzen. Leider ist es sehr oft im
Leben so, dass verletzte Menschen andere verletzen.
Ihre Form von Kritik sagt rein gar nichts über dich
und dein wahres Wesen oder jeden anderen Kriti-
sierten aus. Die Meinung anderer über dich, ist nicht
die Wahrheit über dich. Das verwechseln wir sehr
oft und vor allem dann, wenn es in uns noch offene
Themen und blutende Wunden gibt. Auf der anderen Seite gibt es Kritik, die von einem Ort des Mitgefühls und der Liebe stammt. Sie will nicht zerstören,
sondern verbessern und erheben. Mag sein, dass sie
dich innerlich etwas aufwühlt, aber die Motivation
des Kritikers ist eine ganz andere; er will dir letztlich

aufzeigen, wo du noch wachsen und lernen darfst. Ich glaube, diese Form von bewusst eingesetzter aufbauender Kritik ist einer der wichtigsten Aspekte in einer gut funktionierenden und harmonischen Beziehung, egal ob das die Beziehung zwischen Partnern ist oder die von Eltern zu ihren Kindern. Sie vertieft die Verbindung zueinander und lässt alle schneller sehen, wo sie noch wachsen und lernen dürfen.

Warum aber nehmen wir Kritik meist so persönlich, und warum ist es so schwer, mit kritischen Bemerkungen konstruktiv umzugehen? Das ist eine der Schlüsselfragen, mit der wir uns näher beschäftigen sollten. Stell dir eine Küche vor: Überall offene Schubladen, die übervoll sind und überquellen, einige Schubladen sind aufgeräumt und dennoch offen, Geschirrtücher und Geschirr, alles liegt wild herum. Wenn wir diese Küche so vorfinden, könnten wir uns zunächst genervt fühlen. Als Erfolgspersönlichkeit spüren wir sicherlich das innere Bedürfnis, die Schubladen aufzuräumen, sie zu schließen und die Küche wieder in einen »ausgeglichenen« Zustand zu bringen. Vor allem dann, wenn wir uns darauf konditioniert haben, eine Küche in Ordnung zu halten, können wir nicht anders, als so ein Chaos aufzuräumen. Eine ordentliche Küche gehört zu unserem Lifestyle. Als Erfolgspersönlichkeit bist du ständig auf der Suche nach Möglichkeiten, Herausforderungen im Alltag zu meistern, Dinge in Ordnung zu bringen, Erfolgserlebnisse zu kreieren und einen Haken hinter schwierige Aufgaben zu setzen. Und jetzt kommt das Wesentliche: Diese Erfolgspersönlichkeit solltest du jeden Tag im Leben trainieren.

Denn übertragen wir das Szenario mit der unaufgeräumten Küche auf unser energetisch-emotionales System, wird eines klar: Wenn sich dort viele unerledigte Themen, offene Wunden und ungeklärte Situationen finden, wird alles, was dir an Kritik um die Ohren fliegt, in diesem inneren Chaos hängen bleiben. Unweigerlich bleibt es in irgendeiner offenen Schublade liegen und bringt die Sachen darin irgendwann zum Überquellen.

Letztlich haben wir alle das Bedürfnis, die Dinge in unserem Inneren zu ordnen, auch wenn das erst einmal vielleicht nur heißt, etwas in eine dunkle Ecke des emotionalen Systems zu stecken. Es ist dann zumindest aufgeräumt, aber nicht erledigt.

Ich habe mal mit einem jungen Mann gearbeitet, der sich selbst als sehr sensibel bezeichnete und als spiritueller Coach arbeiten wollte. Er hatte ein Studium der Naturwissenschaften absolviert, aber das wollte er nicht zu seinem Beruf machen. Stattdessen hatte er sich auf einen spirituellen Weg gemacht und einige Seminare in diesem Bereich besucht. Er fühlte sich jedoch blockiert und voller Angst und hatte ständig störende Gedanken in seinem Kopf: »Die Menschen werden mich kritisieren, mich als unauthentisch empfinden und denken, dass ich als spiritueller Berater nichts draufhabe. Kann ich das überhaupt? Was berechtigt mich eigentlich dazu, über spirituelle Themen zu sprechen?« Egal, was man ihm sagte, er legte alles so aus, dass es seine Befürchtungen untermauerte. Er stopfte gewissermaßen jede Aussage anderer in eine von seinen offenen und unaufgeräumten Schubladen der Selbstzweifel und der Unsicherheit. Und jetzt kommt das völlig Absurde an dem Ganzen: Er fühlte sich mit dieser inneren Unordnung wohl. Er hatte sich so sehr an diese Emotionen und Muster gewöhnt, dass er sie nicht loslassen wollte. Er wusste ganz genau, wie es funktioniert, Dinge persönlich zu nehmen, sich unsicher zu fühlen, dadurch blockiert zu sein und deswegen nicht noch mehr nach außen zu gehen. Das war für ihn zu einem emotionalen Zuhause geworden. Dort wusste er, was ihn erwartet, er konnte seinen Zustand, auch wenn er unangenehm war, kontrollieren.

Ja, so sind wir Menschen, voller innerer Widersprüche, und warum wir so ticken, ist erst einmal gar nicht wichtig. Viel wichtiger ist es, uns die Frage zu stellen, was für ein Leben wir führen wollen. Ein Leben in der chaotischen, unaufgeräumten Küche? Ein Leben voller Angst und Panik, ein Leben voller berechenbarer Tage und ewiger Routinen? Oder ein Leben voller Abenteuer, genutzter Lernchancen und voll inneren Wachstums?

Du wurdest in den Sternen geschrieben.
Der Stoff, aus dem du gemacht bist,
ist Licht, das nicht zu bändigen ist.
All deine Bestrebungen, dein inneres
Leuchten zu unterdrücken,
werden dich zum Scheitern zwingen.

Leider ist es nicht so einfach, die offenen Schubladen zu schließen und die Unordnung wieder in Ordnung zu verwandeln. Vielleicht müssen wir das auch gar nicht. Bitte hab nicht den Anspruch an dich, innerlich so abgehärtet zu sein, dass dich nichts und niemand mehr triggern kann. Ich glaube, ein solcher Mensch existiert nicht. Wir können wohl davon ausgehen, dass wir alle multidimensionale Wesen sind, die auf der Erde jede Form von Erfahrung machen wollen, dass wir fallen, aber auch fliegen, lernen und uns weiterentwickeln wollen. Das ist ein klares Fundament eines Universums, in dem das Gesetz von Veränderung und Wachstum gilt.

Es gibt zwei Arten, wie du auf Kritik reagieren kannst:

1. Du reagierst geladen und emotional, weil die Kritik einen alten Schmerz wachküsst (weil sie in eine der offenen und unordentlichen Schubladen fällt) und dich in einem destruktiven Zustand festhält.
2. Du fragst dich, was genau in dir durch diese Kritik getriggert wird und warum du so reagierst, wie du reagierst.

Unsere Reaktionsweise auf Kritik hat natürlich ihre Geschichte. Wie bei Sabine: Sie war eine erfolgreiche Frau, die mit beiden Beinen fest im Leben stand, aber gleichzeitig war sie voller Selbstzweifel und nahm alles sehr persönlich. Sie fasste vieles, was ihre Familie sagte, als Kritik auf. In unserer gemeinsamen Session fanden wir in ihrer »emotionalen Küche« sehr viele Schubladen, die durch die Kritik ihrer Mutter in ihrer Kindheit geöffnet worden waren. Für die Mutter war Sabine nie gut genug, nie schön genug und nie fleißig genug gewesen, sie wurde ständig von ihr kritisiert. Dies hatte Sabine nie verdaut, und jede Form von Kritik ihrer Mitmenschen führte dazu, dass sie sich wieder ungeliebt, ungesehen und bedeutungslos fühlte.

Wenn du erkennen kannst, welche Gefühle in dir durch eine kritische Äußerung getriggert werden, bist du deinem inneren Sieg schon um 50 Prozent nähergekommen. Denn das Licht deines Bewusstseins beginnt, die dunklen und unordentlichen Teile deiner Küche zu beleuchten, und du erkennst immer klarer, was in dir abläuft. Das ist der erste und wichtigste Schritt zur Heilung: die Emotionen spüren, sie kommen und wieder gehen lassen.

Es gibt einen Mechanismus in unserem energetisch-emotionalen System, den ich gern als Reinigungsreflex bezeichne. Wenn du keinen Widerstand gegenüber dem Gefühl des Kritisiert-Seins, des Ungeliebt-Seins hast, wird dieses Gefühl kommen, sich als eine Form von Energie durch deinen Körper bewegen und einfach wieder gehen. Darauf bin ich bereits im vorherigen Kapitel eingegangen. Doch was machen wir? Wir kommen meist auf eine ganz andere Idee und füllen unsere Schubladen mit diesen Informationen bis zum Überquellen, statt diese emotionalen Energien einfach weiterfließen zu lassen. Denn wenn eine Emotion mal in der Schublade ist, so glauben wir, können wir sie viel besser steuern.

Stattdessen aber sorgt sie nur für Unordnung und nimmt uns mit der Zeit die Luft zum Atmen.

Ich hatte in meinem Leben eine Zeit lang das Ziel, meine emotionale Küche so weit in Ordnung zu bringen, dass sie perfekt aufgeräumt ist und mich Kritik in keiner Form irgendwie beeinflussen kann. Dieses Ziel ist aber in einem Universum des persönlichen Wachstums nicht realisierbar. Denn Kritik, die in uns Schmerz und Angst wachruft, kann enorm wichtig sein und uns überhaupt erst auf unsere innere Reise schicken. Sie könnte dich auffordern, dich innerlich immer weiterzuentwickeln, neue Seiten an dir zu entdecken, mehr zu lernen und mehr zu wachsen. Wenn man dir all den Schmerz, die Zweifel und Ängste wegnimmt, was bliebe dann noch übrig, um dich zum nächsten Schritt in deiner Evolution zu zwingen? Ich sage ganz bewusst »zwingen«, denn ich glaube, dass wir als Menschheit noch nicht in das Universum umgestiegen sind, in dem wir aus purer Freude und Liebe wachsen wollen und nicht durch Schmerz und Angst wachsen müssen.

Ich habe viele Menschen auf meinem Weg getroffen, die davon sprachen, dass sie nur noch mit Freude und Leichtigkeit an sich arbeiten wollen und das Wort »müssen« aus ihrem Vokabular gestrichen haben. Keiner von diesen Menschen machte allerdings einen wirklich glücklichen Eindruck auf mich. Die meisten von ihnen haderten mit den Basics wie Gesundheit, harmonisches Familienleben und erfolgreiches Berufsleben. Ich möchte daran glauben, dass dieses Stadium der Entwicklung für uns Menschen möglich ist, aber ich glaube auch, dass wir Level 1 nicht auslassen können, nur weil wir Level 2 erleben wollen. Viele Menschen, die von unrealisierbaren spirituellen Maßstäben vergiftet sind, wollen Level 1 überspringen und reden sich ein, dass sie diese Erfahrungen nicht brauchen. Auf Level 1 geht es darum, sich der eigenen Angst und den Zweifeln zu stellen, die unter anderem von Kritik von außen wachgerufen werden, und nicht davor wegzurennen.

Wenn wir Level 1 gemeistert haben und die Kunst beherrschen, jede Form von Kritik für unser Aufblühen zu nutzen und Dinge immer weniger persönlich zu nehmen, werden wir uns im Leben nach und nach automatisch auf Level 2 wiederfinden. Das ist das Level, auf dem wir uns niemandem und vor allem uns selbst nicht beweisen wollen und das Leben einfach genießen. Wir benötigen dann den Schmerz nicht mehr, um über uns selbst hinauszuwachsen, sondern wir wachsen aus der Freude am weitergehen. Das menschliche Bewusstsein ist aktuell offenbar noch nicht so weit, dass wir in diesem Universum der Freude bleiben können. Wir erleben alle aber zumindest kurze Momente oder Phasen, wo wir mit dieser Gelassenheit leben.

Letztlich müssen wir vielleicht auch gar nicht auf Level 2 sein, denn unsere Fähigkeit, uns triggern zu lassen, ist ein Zeichen unserer Menschlichkeit und Unvollkommenheit –
und genau die machen uns vollkommen.

Wo bleibt die große Liebe?

Wie du Liebe in deinem Leben findest, ohne abhängig zu sein

Wenn ich mich selbst liebe, heißt das nicht, dass ich die Liebe eines anderen nicht mehr brauche. Es heißt nur, dass ich mich, meine Wahrheit und meinen Selbstwert für den Preis seiner Liebe nicht aufgebe.

Was Partnerschaft anbelangt, habe ich schon sehr viel durchgemacht: Ich habe ausbeuterische Beziehungen erlebt, manipulative und zerstörerische, aber auch sehr tief gehende, liebevolle und intensive. Vielleicht erging es dir in deinem Leben so ähnlich. Vielleicht bist du aktuell in einer Partnerschaft oder Ehe oder du bist Single. Es könnte sogar sein, dass du in einer Beziehung bist, dich aber wie ein Single fühlst, weil ihr die Verbindung zueinander verloren habt. Ich glaube, so ergeht es ganz vielen Paaren. Irgendwann beginnt man ein Leben auf zwei getrennten Spuren zu führen, und das ist einer der Gründe dafür, dass so viele Beziehungen zu Bruch gehen und sich Menschen in ihren Partnerschaften gescheitert fühlen.

Nichts erfüllt uns mehr, als unsere Erfahrungen mit anderen Menschen teilen zu können. Da geht es auch um unsere Verbindungen zu unserer Familie, zu unseren Kindern und Freunden und nicht nur um den Partner. Aber so oft befinden wir uns in einem Zustand der Zurückgezogenheit, vielleicht sind wir sogar sehr verletzt und können nicht vergeben, und so verschließen wir mehr und mehr unser Herz für andere. Ich habe diese Phasen in meinem Leben als sehr schmerzvoll erlebt, und vielleicht befindest du dich aktuell in so einer Situation. Ich möchte dir daher Möglichkeiten aufzeigen, dein Herz wieder zu öffnen und echte Nähe und Tiefe in deinen Beziehungen zuzulassen. Da gibt es aber ein paar Dinge, die wir vorab klären sollten.

Da wäre zunächst das Konzept der bedingungslosen Liebe. Es ist meiner Meinung nach ein spiritueller Standard, der für die meisten von uns nicht realisierbar ist. Wenn du in deinem Leben nach einem Partner suchst, der dich bedingungslos liebt, könnte es passieren, dass du ein Leben lang allein bleibst. Ich glaube daran, dass wir die Fähigkeit in uns haben, bedingungslos zu lieben, aber kaum jemand kann es ausschließlich und ständig.

Das andere Extrem ist, dass Liebe zu einem »Deal« oder Geschäft wird. Man ist so lange zusammen, wie man sich gegenseitig die Bedürfnisse erfüllt und der eine dem anderen in den Kram passt. Das ist allerdings auch nicht die Form von Verbindung, die uns glücklich macht. Denn wir haben alle dieses tiefe Bedürfnis nach Entwicklung und wollen, dass wir uns in unseren Beziehungen gegenseitig beim Aufblühen und Strahlen unterstützen.

Ich schreibe dieses Kapitel nicht als »Liebes- oder Beziehungsexpertin«, sondern als jemand, der unter ungesunden Beziehungen sehr oft gelitten hat. Irgendwann beschloss ich, niemanden mehr wirklich an mich ranzulassen, weil ich so oft verletzt worden war. Ich zog nach dieser Entscheidung unmittelbar einen Mann in mein Leben, der so oberflächlich und kühl war, dass ich mich nicht wirklich öffnen musste – das wollte er gar nicht. Es verstärkte meine emotionale Abgestumpftheit noch mehr und kam mir erst einmal ganz gelegen. Aber irgendwann ging das Ganze komplett nach hinten los, ich wurde von Tag zu Tag unglücklicher, ich verlernte es, zu lachen, mein inneres Leuchten erlosch immer mehr und ich verlor an Halt und Substanz. Das signalisierte mir auch mein Körper. Ich habe in dieser Zeit kaum noch was gewogen – als wollte ich mich einfach auflösen, um dieser unangenehmen Situation zu entkommen … Alles, was ich hier mit dir teile, sind Dinge, die ich gelernt und erkannt habe, weil ich so oft in Beziehungen gescheitert bin. Ich kenne den Weg hinein in die emotionale Hölle, aber auch den sicheren Weg wieder hinaus. Denn den habe ich für mich gefunden und lebe heute eine erfüllte Beziehung, von der ich niemals gedacht hatte, dass sie für mich möglich sein würde.

Wir müssen an dieser Stelle auch von unseren Ansprüchen und Forderungen an eine perfekte

Beziehung Abschied nehmen. Ich möchte dich bitten, dir für einen Moment Gedanken darüber zu machen, wie denn eine perfekte Beziehung für dich aussehen würde? Dabei kann es sich um eine Partnerschaft drehen, aber auch um freundschaftliche oder familiäre Beziehungen. Wie lebt sich diese perfekte Liebe? Was hast du für Erwartungen an dich und dein Gegenüber? Nimm dir dafür kurz Zeit.

Hast du das Bild und das Gefühl dazu? Und nun frag dich, ob es wirklich das ist, was du willst? Frage dich, wer dir beigebracht hat, dass eine perfekte Beziehung so auszusehen hat? Kommt das wirklich aus dir heraus oder hast du es gelernt? Brachten dir deine Eltern, alle möglichen Hollywood-Filme oder was auch immer bei, so eine Art von Beziehung für dich selbst einzufordern? Nur so eine oder keine? Du merkst, ich konfrontiere dich mit typischen Lügen rund um das Thema Liebe und Beziehung, denn da sind sehr viele unterwegs.

Liebe kennt keine Regeln, und wie du deine Beziehungen lebst, ist einzig und allein deine Sache. Ich kann dir nicht sagen, was dich erfüllen wird, nur du selbst kannst das herausfinden. Dafür ist es aber wichtig, dass du all die Geschichten anderer loslässt und dich für dich öffnest. Genau das ist der wichtigste Punkt.

Um deine Liebesgeschichte komplett neu zu schreiben und auch in deinen Beziehungen aufzublühen, kann es wichtig sein, überhaupt erst einmal zu verstehen, was gerade in deinem Leben abläuft und auf welcher »Evolutionsstufe der Liebe« du dich aktuell befindest (diese Stufen oder Phasen sind auf jede Art von Beziehung und nicht nur auf Liebesbeziehungen übertragbar.)

Die erste Phase nach der Verliebtheit ist die Reproduktionsphase. Ich weiß, das klingt so gar nicht nach Liebe – und Liebe spielt in dieser Phase tatsächlich nicht die dominante Rolle. Wenn das Verliebtsein verblasst, gleiten die meisten Menschen, ohne dass sie es merken, in die Reproduktionsphase. Wenn wir frisch verliebt sind, versorgt uns die aufkeimende Liebe mit ganz vielen neuen Perspektiven, Hoffnungen und Kräften, die Liebe holt die beste Version von uns hervor, und wir treten in ein offenes Heilungsfenster. Wenn wir es schaffen würden, diese Energie der frischen Liebe in unserer Beziehung aufrechtzuerhalten, würde diese Beziehung wahrscheinlich nie ein Ende haben. Ich stelle mir heute sehr oft die Frage, wie ich jetzt auf meinen Partner oder eine gewisse Situation in unserer Beziehung reagieren würde, wenn ich frisch verliebt wäre. Ich richte meine Handlungen und Worte dann nach diesem Ideal aus; meistens entladen sich angesammelte Energien dann von selbst, und wir finden viel schneller einen gemeinsamen Nenner, ohne verletzend zu werden. Diese Strategie solltest du unbedingt ausprobieren.

Die Übergangszeit von der Verliebtheit zur Reproduktionsphase kann unterschiedlich lang sein, aber sind sie einmal in der Reproduktionsphase angekommen, bleiben die meisten Menschen sehr lange dort, wenn nicht sogar für den Rest ihres Lebens. Was ist kennzeichnend für diese Phase? Die Beziehung dient als ein Tool zur Betäubung von vergangenem Schmerz. Der Mensch trägt in sich eine offene Wunde, dich noch nicht komplett abgeheilt ist. In der emotionalen Küche stehen viele Schubladen offen, was das Thema Beziehung anbelangt. In dieser Phase verspüren wir allerdings das Bedürfnis, vor der Vergangenheit wegzulaufen und uns abzulenken. Genau dafür missbrauchen wir die Beziehung. Wir geben unserem Gegenüber auch keine wirkliche Chance, sich uns so zu zeigen, wie er ist. Wir projizieren ein Bild vergangener schmerzvoller Beziehungen auf das Hier und Jetzt und ziehen unserem Gegenüber ein energetisches Korsett über. Wir erwarten regelrecht, dass er genauso ist wie unser Ex-Partner. Egal, was er sagt, wir sehen darin die Vergangenheit, machen Schuldzuweisungen und lehnen es bewusst oder unbewusst ab, dass die neue Beziehung anders ablaufen könnte als die vergangene. Der Schmerz und die Verletzungen aus der Vergangenheit sind einfach nicht abgeschlossen. Wir übertragen sie auf das Hier und Jetzt und sehen Probleme, wo oftmals gar keine sind. Wir reproduzieren die Vergangenheit und nehmen uns damit jede Möglichkeit, zu heilen und Altes abzuschließen.

Ich habe einmal mit einem Mann gearbeitet, der in seiner aktuellen Beziehung sehr unglücklich war und in seiner Frau eine machtbesessene Person sah, die ihn dominieren wollte. Das hatte er auch in seinen vergangenen Beziehungen so erlebt. Er fühlte sich von seiner Frau kommandiert und manipuliert. Als die Frau zu einer weiteren Session mit erschien und ich sie kennenlernte, kam die Wahrheit an die Oberfläche. Diese Frau war alles andere als dominant, aber er stülpte ihr diese Identität immer wieder über, was übrigens langfristig dazu führen kann, dass das Gegenüber tatsächlich diese Energie übernimmt. Das war aber in ihrem Fall noch nicht passiert, seine Frau gab ihm unendlich viele Freiheiten. Er sah dies im Laufe des Coachings immer mehr ein. Tränen begannen zu fließen, und es öffnete sich ein Raum für Heilung. Er verstand, dass ihn seine vergangenen Wunden kontrolliert hatten und ihm die Möglichkeit nahmen, mit dieser wundervollen Frau Liebe zu erfahren. Ich habe selten eine so schnelle Transformation gesehen wie bei ihm. Manchmal müssen wir einfach nur einen blinden Fleck aufdecken, um den natürlichen Reflex der Heilung in uns zu aktivieren. Den Rest erledigt dieser Reflex dann von allein.

Die Reproduktionsphase schreit nach Heilung, und die folgenden Schritte können diesen Weg unterstützen:

1. **Versöhne dich mit der Vergangenheit und vergib den Menschen, die dich verletzt haben.** Entwickle Mitgefühl mit den Menschen, die dir wehgetan haben, und löse für einen Moment deinen Fokus von dir selbst. Frage dich: Was für ein Mensch verletzt einen anderen auf diese Art und Weise? Meist sind es Menschen, die unsicher, überfordert oder ängstlich sind. Warst du selbst auch schon einmal in all diesen Zuständen? Ja,

oder? Wir sind alle nur Menschen, wir machen unsere Fehler. Deine wahre Größe liegt darin verborgen, zu vergeben, dir selbst und auch anderen.

2. **Erkenne an, dass du deine Vergangenheit miterschaffen hast.** Die Verletzungen und der Schmerz aus der Vergangenheit könnten vielleicht tatsächlich deine Manifestationen sein, damit du lernen und wachsen kannst. Falls du das akzeptierst, wird es dir auch viel leichter fallen, positive Dinge und Situationen zu erschaffen. Du hast gelernt, was du lernen musstest, und brauchst diese Prüfungen nicht ein weiteres Mal zu durchlaufen.

3. **Finde drei Geschenke:** Welcher Mensch bist du heute nur, weil du damals diese schmerzvollen Erfahrungen in der Beziehung gemacht hast? All das wollte dich nicht brechen, sondern dir neue Wege zeigen, dich zu erleben und den Facettenreichtum deines Spirits zu entdecken.

4. **Führe das Ritual der »10 Minute Self-Zone« ein.** Zieh dich dafür an einen ruhigen Ort zurück, schließ deine Augen und sei einfach bereit, den Schmerz der Vergangenheit zu fühlen. Bewerte ihn nicht, sondern fühl ihn einfach nur. Wo am Körper kannst du diese Energie spüren? Stell dir innerlich die Frage: »Warum habe ich alles in mir, um diesen Schmerz verarbeiten und loslassen zu können?« Du benötigst keine Antwort auf diese Frage. Die Frage allein öffnet ein Fenster der Heilung.

Meist folgt der Reproduktionsphase die schmerzvolle Triggerphase, oder beide Phasen werden im Alltag im Wechsel erlebt. Die häufigsten Sätze oder Gedanken, die in der Triggerphase fallen beziehungsweise erfahren werden, sind »Ich brauche dich« und »Ich bin nicht ganz ohne dich«. Diese Sätze sind erst einmal völlig okay, sie schmeicheln uns, wenn wir sie hören (auch wenn sie uns langfristig einengen), aber meist kommen sie von einem angstbesetzten Ort in uns. So ein Satz entspringt einem emotionalen Defizit, einem Mangel an Selbstliebe, einer Hilflosigkeit. Wir befinden uns dann meist im Zustand eines Opfers. Würden wir »Ich brauche dich« aus einem Schöpferzustand heraus sagen, wäre das eine ganz andere Sache. Es hätte keine einengende energetische Komponente, sondern wäre wie eine Einladung, sich mehr aufeinander einzulassen und eine stärkere Synergie zu bilden, um gemeinsam aufblühen zu können.

Wenn Menschen »Ich brauche dich« sagen, tun sie es meist, weil sich tief in ihrem Inneren folgende Informationen ausgebreitet haben: »Ich bin nichts, ich bin nicht wertvoll, ich bin niemand, allein. Wenn ich heute sterbe, interessiert das niemanden« und so weiter. Ich kenne diese Glaubenssätze nur zu gut und in der Vergangenheit war es eine meiner Hauptbeschäftigungen, mir all das einzureden.

Weißt du, was sehr spannend ist? Diese Ängste kommen immer dann vermehrt zum Vorschein, wenn wir uns mehr darauf fokussieren, Liebe zu nehmen als Liebe zu geben. Wenn wir uns immer wieder darauf ausrichten, wie wir mehr Liebe geben können, ist das der Weg aus dieser schmerzvollen Triggerphase hinaus. Wir hören dann nämlich auf, unsere Bedürfnisse auf den anderen zu projizieren, und beginnen auch uns selbst mehr Liebe und Aufmerksamkeit zu schenken.

Diese Phase nenne ich Triggerphase, weil wir dem anderen Macht über uns und unsere Emotionen und Bedürfnisse geben und ihm die Verantwortung für unser ganzes Glück übertragen. Wenn er uns mal nicht als die allerwichtigste Person in seinem Leben behandelt, fühlen wir uns abgelehnt und schmerzvoll getriggert. Das heißt in Wahrheit: Mir möchten ihn kontrollieren, und es ist ein Nullsummenspiel für beide Seiten. Denn Kontrolle ist das Gegenteil von Liebe.

Eine der größten Ängste, die mir in meiner Arbeit immer wieder begegnet, ist folgende: Menschen haben Angst davor, ihren Partner zu verlieren, wenn sie sich persönlich und spirituell weiterentwickeln. Viele sabotieren dann ihre eigene Entwicklung, weil ein Teil in ihnen sagt: »Ich brauche den anderen.« Es ist möglich, aus dieser Abhängigkeit auszusteigen. Tu das, indem du dich auch hier mehr darauf fokussierst, Liebe zu geben. Und suche zweitens Wege für dich, wie du im Leben unabhängig von deiner Beziehung Bedeutung finden kannst.

Die meisten Menschen befinden sich in einer dieser zwei Phasen. Wie du vielleicht spüren kannst, dreht man sich in diesen Phasen eigentlich nur im Kreis, es sei denn beide Seiten arbeiten an sich selbst und wollen dort aussteigen. Der Ausstieg führt uns zu Ebenen, wo Liebe ganz neu und frei erlebt werden kann. Denn die dritte Phase ist »Love Life«, man könnte auch sagen es ist die heilvolle Triggerphase. Hier wollen wir dem anderen helfen, unentdeckte Talente in sich selbst zu finden. Dafür setzen wir vielleicht auch mal bewusste Trigger ein. Das könnte im Beispiel meines Klienten bedeuten, dass die Frau dem Mann ganz bewusst Grenzen setzt und er sich darin übt, dennoch gelassen und entspannt zu bleiben, ohne in das Drama der Vergangenheit abzurutschen. Im Love Life geht es vor allem darum, dem anderen Raum zu geben, anders sein zu dürfen, andere Interessen haben zu dürfen und auch ein Leben außerhalb der Beziehung zu haben. Es muss in dieser Phase nicht alles Friede und Freude sein, denn Liebe kann auch Nein sagen und Grenzen setzen, ohne verletzend zu sein. Das Gegenüber wird immer mehr zum Verstärker eigener innerer Qualitäten, und jeder stellt sich immer wieder die Frage: »Wie kann ich dich noch mehr leuchten lassen?«

Ich glaube daran, dass jede Beziehung ein Becken für globale Heilung darstellt. Jede Beziehung ist eine Miniaturwelt, in der wir das gestalten dürfen, was wir draußen in der Welt sehen wollen. Wir müssen im Mini-Universum unserer Beziehungen den Umgang miteinander pflegen, den wir in der Welt sehen wollen, den wir unseren Kindern wünschen, den Menschen der Gegenwart und Zukunft.

Das ist die höchste Stufe der Liebe:
Love Creation. Wir kreieren eine neue Erde,
in der wir in jedem Menschen
die unerschöpfliche Kraft der Liebe
und des Mitgefühls sehen und triggern wollen.
Also, lass uns das angehen. Danke.

Deine Lebensaufgabe
wartet auf dich.
Worauf wartest du?

Du hast etwas Einzigartiges zu geben, was nur du der Welt geben kannst

»Es ist verrückt«, sagt der Kopf.
»Du könntest verletzt werden«, sagt das Herz.
»Ich habe Angst«, sagt der Bauch.
Tu es, wir werden daran wachsen«, sagt die Seele.

Woran möchtest du glauben? Daran, dass wir Menschen ein zufälliges Produkt des Universums sind, eine Laune der Natur, dass wir geboren werden, leben, sterben, und das war's dann? Oder glaubst du daran, dass jeder von uns aus einem ganz bestimmten Grund hier ist, geboren aus einem höheren Plan heraus für eine bestimmte Lebensaufgabe? Ich will dich weder von dem einen noch von dem anderen überzeugen. Es ist deine Sache, woran du glaubst. Aber was mich wirklich interessiert, ist, woran du glauben möchtest. Was wählst du zu glauben, um

dein Dasein auf ein maximales Erfüllungslevel anzu-
heben?

Ich liebe Grauzonen, in denen entgegengesetzte
Aussagen und verschiedene Wahrheiten ihren Platz
haben, in denen es nicht darum geht, *die* Wahrheit zu
finden, sondern viel mehr *die eigene* Wahrheit zu leben. Jede eindeutige Aussage schränkt nämlich unser
Potenzial ein. Ich möchte mit dir stattdessen einen
neuen Raum eröffnen, in dem zwei Ansichten existieren können. Wir holen aus beiden Welten das Beste
heraus. Wir wählen, was wir glauben wollen, um unser Potenzial jeden Tag etwas mehr auszudehnen.

Ich persönlich wähle es zu glauben, dass wir multidimensionale spirituelle Wesen auf der Durchreise
sind. Unser Wesen endet nicht mit dem physischen
Tod und durch unsere Lebenszeit als Mensch hindurch interagieren wir mit der Welt. Wir lernen und
wir hinterlassen einen energetischen Abdruck unserer Essenz auf Erden. Du kannst nie wissen, an welchen Stränden deine Wellen irgendwann ankommen
werden, aber eines ist sicher: Egal, ob du das willst
oder nicht: Du beeinflusst diese Erde mit deinen Gedanken, Gefühlen und Energien, und die Reichweite
deines Wesens ist unendlich.

Wie wäre es, wenn du diesen energetischen Abdruck ganz bewusst steuern, leben und vielleicht sogar erschaffen könntest und dadurch deinem Leben
einen tiefen Sinn verleihst? Genau darum geht es
hier.

In der Natur hat alles seinen Platz und seine Aufgabe. Jedes Lebewesen erfüllt einen Sinn, was letzten

Endes dem gesamten Dasein auch einen Sinn verleiht. Für uns Menschen besonders ist, dass wir ein Bewusstsein besitzen, das die Fähigkeit zur Selbstreflektion in sich trägt. Wir können wählen, uns entscheiden – und manchmal ist genau das das Problem. Vor lauter Möglichkeiten wählen wir oft gar nicht und nutzen unsere Entscheidungskraft nicht bewusst und nicht gezielt. Wenn das passiert, wird meist über uns entschieden. Das ist es, was den meisten von uns bislang immer wieder passiert ist.

Mein Vater zum Beispiel hatte schon immer sehr konkrete Vorstellungen davon, was ich studieren sollte. Er gab mir drei Dinge zur Auswahl: Jura, Medizin und BWL. Mir erschien BWL als das geringste Übel, und so habe ich das dann auch tatsächlich studiert. Es war der Weg, den mein Vater für mich ausgewählt hatte, und im Nachhinein sehe ich die Geschenke dieser Zeit. Doch damals war es einfach nur eine Tortur, und ich redete mir permanent ein, dass meine Zeit schon noch kommen werde, wenn ich meinem Herzen folge. Und das ist auch passiert.

Unsere Welt hat sich sehr stark weiterentwickelt, unsere Technologien ermöglichen uns viele Aktionen und auch Berufe, die noch vor einem Jahrzehnt unmöglich waren. Wir haben heute den Luxus, unsere Lebensaufgabe nicht nur wählen, sondern kreieren und erschaffen zu können. Vielleicht löst dieser Satz eine kleine Irritation in dir aus. Denn wenn ich schreibe »die Lebensaufgabe erschaffen«, bedeutet das auch, dass es so etwas wie eine fixe Lebensaufgabe nicht gibt. Das glaube ich mittlerweile tatsächlich!

Ich gehe sogar noch weiter: Zu denken, dass es nur eine Lebensaufgabe oder einen Lebenssinn für dich gibt, ist eine der größten Entwicklungsblockaden überhaupt. Es macht gar keinen Sinn, die Lebensaufgabe zu suchen, denn sie existiert nicht, sie wartet darauf, von dir geformt zu werden. Es geht nicht ums Finden, du wurdest nicht für etwas Fixes geboren, du bist geboren worden, um zu erschaffen.

Jeder von uns hat individuelle Talente und Veranlagungen, die einzigartig sind, und das ist der perfekte Plan, um die Vielfalt der Manifestationen auf der Erde aufrechtzuerhalten. Dass du einzigartige Potenziale besitzt, speist ein ausgeklügeltes System, das die Farben unserer Welt erschafft. Leider passiert es noch immer viel zu oft, dass wir im Laufe unserer schulischen Laufbahn unsere Einzigartigkeit einbüßen. Wir geben sie her, um dazuzugehören. Wir landen in irgendwelchen Schubladen und werden »gelabelt«, damit unsere Umwelt uns besser verstehen und einordnen und vielleicht sogar leichter kontrollieren kann. Dabei wäre der wichtigste Punkt der, dass du dein eigenes »Label« aus dir heraus erschaffst.

Immer wieder höre ich den Satz von spirituellen Menschen: »Ich bin einfach nur hier, um zu sein.« Dieser Satz macht ganz komische Dinge mit mir und vielleicht mit dir auch. Denn wie soll denn das bitte genau funktionieren? Hast du diese Welt voller Ressourcen und Mittel ausgesucht, um einfach mal ein bisschen hier zu sein und wieder zu gehen? Ich glaube, das komplette Gegenteil ist der Fall. Du wolltest hier alle Facetten des Daseins erfahren, Emotionen in der intensivsten Form erleben, Fehler machen, Erfolge erzielen, dein Lernkonto maximal füllen und all die eroberten Aspekte am Ende weiterreichen. »Ich bin einfach nur hier, um zu sein« – das ist eine angenehme Zone außerhalb jeder Veränderung. Wenn wir uns verändern, kann das natürlich auch mal schmerzvoll sein, und es besteht das Risiko des Scheiterns. Das wollen die meisten Menschen nicht.

Dass so viele Menschen denken, dass es für sie nur die eine einzige Lebensaufgabe gibt, hat den gleichen Grund: Wenn du denkst, dass es nur eine Lebensaufgabe für dich gibt, musst du dich nicht weiterentwickeln. Es geht sogar unbewusst noch einen Schritt weiter: Du willst unbedingt vermeiden, dich weiterzuentwickeln, denn du wurdest ja für deine Lebensaufgabe perfekt designt. Du musst sie einfach nur finden, und das war's. Dann bist du angekommen und glücklich bis zum Ende deiner Tage.

In meinen Coachings sprachen Menschen immer wieder über ihre Verwirrung in Bezug auf ihre Lebensaufgabe. Eine Frau zum Beispiel war hundertprozentig überzeugt davon, dass Yoga zu lehren ihre Lebensaufgabe ist. Aber jetzt, wo sie das erreicht hat, ist sie einfach nur unglücklich. Sie hatte sich das ganz anders vorgestellt. Solche Fälle hatte ich so oft, und ich selbst war auch mal genau so ein Fall, bis ich erkannte, dass ich mich nicht auf eine Aufgabe eingrenzen muss, ja vielleicht sogar nicht mal darf. Denn meine Seele ruft nach einem expandierenden Ausdruck und will sich auf viele verschiedene Arten und Weisen erleben.

Der größte Nachteil hinter dem Ansatz »ein Mensch – eine Lebensaufgabe« ist, dass dadurch eine unbewusste Blockade erschaffen wird, die uns daran hindert, uns zu verändern. Denn es könnte ja dann passieren, dass wir uns von unserer angeborenen Lebensaufgabe wegentwickeln. Ein ähnliches Denkmuster herrscht auch bei Menschen vor, die in einer Partnerschaft unglücklich sind und das darauf zurückführen, dass der Partner nicht der ideale Seelenpartner sei. Denn wenn es so wäre, würde man automatisch perfekt zusammenpassen. Auch hier muss man sich weder verändern noch auf den Partner wirklich einlassen. Er ist einfach nicht der Richtige, und das ist die perfekte Ausrede.

Viele Menschen warten und warten und warten ein Leben lang darauf, dass sie ihre Lebensaufgabe finden. Du wirst sie niemals finden, denn sie will von dir erschaffen werden. Sie wird für dich offensichtlich und greifbar in genau dem Moment, in dem du dich dir selbst, deinen Ideen, Potenzialen, Talenten, Gefühlen und Gedanken öffnest. Du bist eine Manifestationsmaschine. Vergiss das nicht. Deine Lebensaufgabe ist es, deine Lebensaufgabe zu erschaffen.

Statt dir die Frage zu stellen, was deine Lebensaufgabe ist, arbeite lieber mit folgender innerer Reflektion:

»Wie kann ich mich jeden Tag noch mehr der Möglichkeit öffnen, maximale Wachstumschancen zu erleben, umfangreichste Erfüllung zu

erfahren und einen weitreichenden positiven
Beitrag für die Erde zu leisten?«

Aber bitte überprüfe deine Assoziation zum Begriff »Wachstum«. Dieser Begriff fällt im Bereich der Persönlichkeitsentwicklung sehr oft und hat sich zu einem hübschen und populären Konzept entwickelt. Jeder will persönlich wachsen – bis es darum geht, die tatsächliche Arbeit für das persönliche Wachstum zu absolvieren. Denn die hat es in sich. Wir wachsen nicht dort, wo uns die Dinge leicht von der Hand gehen, sondern dort, wo es uns Überwindung kostest, eine gewisse Angst wachgerüttelt wird und wir an unsere Grenzen kommen. Genau dort passiert Wachstum.

Vielleicht schießt dir hierzu ein komplett gegensätzlicher Spruch in den Kopf wie zum Beispiel: »Mach es nur, wenn es dir Freude bereitet. Denn sonst macht es dich krank.« Ich sehe das komplett anders. Wenn wir nur Dinge tun, die uns Freude bereiten, leisten wir keinen wirklichen Beitrag für die Erde und die Vielfalt der Manifestation. Wir werden viel eher krank, und unsere Körper bauen ab, wenn wir keine Aufgabe mehr haben und unseren Sinn im Leben nicht erfüllen. Das passiert auch vielen Menschen, die in Rente gehen und in kein soziales Gefüge mehr eingebettet sind. Sie bauen innerhalb kürzester Zeit mental und körperlich ab.

Deine Lebensaufgabe erschafft sich genau in diesen Momenten, in denen du dich in einem Tanz zwischen Kampf und Freude befindest. Wenn ich auf die Bühne gehe, werden all meine Zweifel und inneren Ängste getriggert, und das auch noch nach einem ganzen Jahrzehnt, in dem ich das schon mache. Werden die Leute mich ablehnen? Werde ich die Erwartungen erfüllen? Meine Performance ist jedes Mal eine Herausforderung für mich, aber gleichzeitig das, was mich am meisten erfüllt. Das Gefühl, von der Bühne herunterzugehen und einfach zu wissen, dass ich mein Herz mit den Menschen trotz der Angst geteilt habe, ist unbeschreiblich. Das sind Momente, in denen ich mich wirklich lebendig fühle. Ich gehe nicht nur aus Freude auf die Bühne, sondern vor allem aus dem tiefen inneren Wunsch heraus, immer wieder über meine Grenzen hinauszuwachsen.

Aber hier geht es nicht um mich, sondern um dich. Was lässt dich lebendig fühlen? Wann spürst du einen Schub an Energie in deinem ganzen System? Wo fühlst du dich herausgefordert? Gibt es eine Tätigkeit, die dir besonders liegt, wo du aber noch immer Schwachstellen hast? Finde diese Schwachstellen, arbeite an ihnen, denn sie erweitern das Spektrum deiner Lebensaufgabe und werden dir weitere Türen für deine Selbstentfaltung öffnen. Setz dich mit deinen Ideen, deinen Erfahrungen und deinen Gefühlen auseinander. Sie sind der Stoff, aus dem du deine Lebensaufgabe formen wirst. Egal, was du aktuell tust, tu es aus ganzem Herzen und gib jeden Tag dein Bestes. Stopp die Ausrede in deinem Kopf, dass du erst dann dein Bestes geben wirst, wenn du deine Lebensaufgabe lebst.

Stell dir vor, das Universum schaut immer zu und will dir dabei helfen, deine Lebensaufgabe zu formen. Wenn du aber keine Signale dafür absetzt, dass du auch unter den ungünstigsten Umständen deine Talente einsetzen und dich zum Ausdruck bringen willst, könnte es passieren, dass du keine weiteren Chancen erschaffst, deine Lebensmission für dich zu kreieren. Du bist dann nicht gewillt, alles zu geben.

Warte nicht darauf, dass sich deine Fähigkeiten und Talente wie eine Blume ganz automatisch öffnen. Arbeite an dir, erforsche dich selbst und fokussiere dich viel weniger auf deine Schwächen und stattdessen viel mehr auf deine Schwachstellen. Das ist ein Unterschied. Deine Schwachstelle bezieht sich auf ein Talent, das du bereits lebst, bei dem aber noch Luft nach oben ist. Wenn du beispielsweise Fotografin bist, nutze ganz bewusst »schwierige« Kulissen mit wenig Licht und widrige Bedingungen, um deine Fähigkeiten zu verfeinern. So wirst du immer besser in dem, was du tust, und mit der Zeit wirst du ganz neue Facetten deiner Talente entdecken. Wenn du dich hingegen zu oft mit deinen Schwächen beschäftigst – und das passiert meist dann, wenn wir uns an den Erfolgen anderer orientieren, uns vergleichen oder jemanden nachahmen –, dann verlierst du deinen Antrieb und, was noch viel schlimmer ist, deine Einzigartigkeit. Genau wegen der bist du hier, und es ist deine Pflicht, sie mit der Welt zu teilen. Dafür musst du nichts einbüßen, sondern wirst mit einer tiefen Form von Erfüllung belohnt werden. Der Grad der emotionalen Intensität in deinem Leben wird steigen. Du wirst das Leben in dich hineinlassen, Emotionen tiefer spüren, mehr zulassen und auch viel leichter loslassen. Du hast deine Angst vor Veränderung verloren und übergibst dich als Wesen und Mensch dem unerschöpflichen Fluss der Liebe, die überall um uns herum existiert. Das ist der Moment, in dem du ankommst, weil du weißt, dass deine Reise deinen Lebenssinn darstellt.

Das große Dilemma

Im Hier und Jetzt sein und sich gleichzeitig für eine größere Vision öffnen

*Die meisten Menschen haben
weder Gegenwart noch Zukunft.
Sie leben eine Kopie ihrer Vergangenheit.*

Die Abgeschiedenheit des Klosters auf einem Hügel bewirkte, dass ich mich zumindest oberflächlich gut fühlte. Es lag weit weg von dem Ort, an dem mein Leben zusammengebrochen war, weit weg von allen Menschen, die mich kannten. Mit jeder Woche, die verging, wurde ich mehr und mehr ein Teil der Rituale der Gemeinschaft und des Lebensstils der Mönche. Ich musste mich nicht mit meiner Vergangenheit beschäftigen und auch nicht mit meiner Zukunft. Ich war hier in einer geschützten Blase und meditierte jeden Tag für mehr als acht Stunden. Immer wieder brachte ich meine Gedanken zurück zu meinem Atem, zurück ins Hier und Jetzt. Alle Gedanken und Gefühle, die aufkamen, deponierte ich für die Zeit im Kloster in einer Ecke meines Bewusstseins. Ich wollte so, wie es mir von einem der Mönche geraten wurde, vollkommen gegenwärtig sein. Meine Gedanken loslassen, in den gedankenstillen Raum eintauchen und einfach nur sein. An manchen Tagen ging das besser als an anderen. Aber ich fühlte mich gut, ich hätte mich an dieses Leben gewöhnen können.

Dann kam der Tag der Rückreise. Am Flughafen war ich innerlich noch immer sehr ruhig, auch wenn die Menschen und der Lärm ein kleiner Schock nach dieser ruhigen Zeit waren. Der Flug verlief wunderbar. Ich machte meine Meditationsübungen. Der Flieger landete. Ich stieg aus. Meine Eltern empfingen mich am Gate. Als ich im Auto saß auf dem Weg nach Ingolstadt wieder zurück ins Elternhaus und mein Vater mich fragte, wie es jetzt mit mir weitergehen würde, brach ich innerlich komplett zusammen. Eine Welle an unterdrückten Emotionen, Gedanken und Sorgen überkam mich dermaßen heftig, dass ich einen Heulkrampf bekam. So etwas hatte ich noch nie gehabt. Ich konnte gar nicht aufhören, zu schluchzen. Alles, was ich in dieser abgelegenen Ecke meines Bewusstseins deponiert hatte, wurde nun wieder freigesetzt und flutete unkontrolliert mein ganzes System. Es überrollte mich wie ein Tsunami aus vielen verschiedenen Emotionen wie Wut, Angst, Unsicherheit und Zweifel. Gleichzeitig verurteilte ich mich selbst dafür, in den Wochen im Kloster kein Stück weitergekommen zu sein, denn sonst hätte mich doch all das nicht so stark mitnehmen können. Ich sah damals noch nicht, dass ich in dieser Klosterzeit eines am intensivsten betrieben hatte: Unterdrückung.

Es vergingen mehr als drei Monate, die die dunkelste Zeit in meinem Leben waren. Ich blieb den ganzen Tag im Bett, aß tagelang nichts und dann wieder alles, was ich finden konnte. Ich wollte niemanden sehen, und ich verletzte Menschen, die ich über alles liebte. Es war eine ganz schlimme Zeit für meine Familie, aber vor allem für meine Schwester. Wir haben eine intensive Verbindung, aber nicht mal sie ließ ich an mich heran. Ich hatte so oft den Gedanken, sterben zu wollen, mich aufzulösen, ich empfand mich als Wesen und Mensch einfach nicht lebenswert.

Vielleicht hast auch du schon einmal so eine Phase in deinem Leben durchlebt. Mittendrin kann es fast unmöglich erscheinen, dort jemals wieder herauszukommen. So war es für mich auch. Ich dachte, dass ich all meine Freude und mein Leuchten verloren hatte. Das war aber nicht so. Ich erholte mich einfach nur von all der Unterdrückung meiner Gefühle, die ich nicht nur während der Wochen im Kloster, sondern über viele Jahre lang betrieben hatte. Meine Emotionen eroberten mich wieder zurück, und das war heftig. Ich fühlte auf einmal all den Schmerz, den ich jahrelang in einer unglücklichen Beziehung und Lebenssituation unterdrückt hatte. Der Schmerz wollte gesehen und erlebt werden. Und er hat mich geformt, reifen lassen, und ich kann heute Menschen, die in einer ähnlichen Situation sind, Hoffnung schenken. Die Hoffnung, dass sich die Dinge verändern werden und dass wir alle einen inneren Reflex zum

Leuchten haben, egal wie lange es in uns dunkel war. Wir alle wurden in den Sternen geschrieben.

Dieser Teil meiner Lebensgeschichte verdeutlicht ziemlich konkret das große Dilemma zwischen dem Sein im »Hier und Jetzt« und der Aufforderung, sich der eigenen Vergangenheit und vor allem der eigenen Zukunft zu widmen. Für viele Menschen erscheint es unlogisch, Gegenwärtigkeit zu üben und sich trotzdem Gedanken über die Zukunft zu machen und zum Beispiel eine ideale Form ihrer Zukunft zu visualisieren. Ich bin der Überzeugung, dass beides möglich ist, und gehe sogar noch einen Schritt weiter: Wenn wir unsere Vergangenheit geheilt und abgeschlossen haben und uns für unsere Visionen öffnen, dann sind wir erst wahrhaft im Hier und Jetzt. Vorher nutzen wir Gegenwärtigkeit eher als ein Ablenkungsmanöver und wollen vor der Tatsache flüchten, uns mit Vergangenheit und Zukunft auseinandersetzen zu müssen.

Genau das habe ich damals im Kloster gemacht. Meine Gegenwärtigkeit war nur eine Unterdrückungsstrategie und oberflächlich. Ich zwang mich mit Kontrolle und Willenskraft, im Hier und Jetzt zu sein, ohne mich voll und ganz all dem hinzugeben, was in mir gerade da war. Emotional ging nämlich die Post ab: Ich glaubte, ich hätte versagt, in meiner Beziehung, in meinem Beruf, familiär, freundschaftlich, nichts war mehr da, und ich fühlte mich komplett fehl am Platz und verloren. Aber das durfte keinen Raum bekommen, ich wollte ja im Hier und Jetzt sein, atmen, mich auf den Moment fokussieren.

Dann würden all diese Verspannungen von allein weggehen. Das taten sie aber nur kurzfristig, um mich später dann komplett einzunehmen. Ich glaube, wir müssen alle irgendwann in unserem Leben erkennen und lernen, dass wir nicht gegen unsere Emotionen arbeiten können und dass sie eine Macht über uns haben, wenn wir sie nicht bewusst spüren, einladen, kommen lassen, von ihnen lernen und sie wieder gehen lassen. Ob im Kloster oder in der Welt.

Ein wichtiger Moment meines Übergangs von der dunklen Nacht meiner Seele hin zu einem Wandel in meinem Leben war, als eine innere Stimme in mir sagte: »Du bist davor weggelaufen, deine Aufgaben zu erledigen, und jetzt laufen deine Aufgaben auf dich zu.« Das öffnete mir die Augen, es war ein kleiner Erleuchtungsmoment für mich. Ich sah ein, dass ich mich nun endlich all meinen Ängsten und Emotionen stellen musste, wenn ich meine Seele verwirklichen und meinem Leben wieder Sinn verleihen wollte. (Und natürlich weiß ich heute, dass mir auch die Zeit im Kloster mit all den Erlebnissen dort dabei geholfen hat. Sie bereitete meine Heilung in der Tiefe vor.)

Am Anfang noch ganz leise. Kaum zu hören.
Doch dann immer lauter. Immer stärker.
Wie ein Sturm, der aufkommt.
Du kannst diesen Sturm nicht stoppen.
Nichts kann die Stimme deines Herzens
übertönen. Wenn die Zeit gekommen ist,
musst du dich für dein Herz entscheiden.

Es gibt eine Magie der energetischen Singularität. Singularität ist ein Begriff, der meist in einem Kontext der Astronomie oder Geografie genutzt wird. Hier wende ich diesen Begriff auf den Moment an, in dem wir absolut offen, verschmolzen und kongruent sind mit all unseren Teilen, Emotionen, Gedanken und Energien. Singularität stammt von *singularis* aus dem Lateinischen und bedeutet »einzeln«, »vereinzelt« oder »außergewöhnlich«. Die energetische Singularität geschieht in den Momenten, in denen wir allen Widerstand gegenüber unseren Emotionen und Gedanken verlieren, alles wahrnehmen und spüren, im Frieden mit der Vergangenheit sind und gleichzeitig in der Vorfreude auf eine nicht vollständig bestimmte Zukunft, losgelöst vom Endergebnis und offen für alle Wunder des Lebens. In diesem Moment findet eine Konvergenz in uns statt. Alles richtet sich auf eine innere Mitte aus. Zeit wird inaktiv. Wir spüren alles gleichzeitig. Wir empfinden alles viel intensiver und fühlen uns lebendig und ruhig zugleich. Wir verschmelzen mit all unseren Aspekten, Talenten und Potenzialen. Wir richten uns an einem inneren Kompass aus, denken sehr wenig bis gar nicht und fühlen unser Herz deutlich und stark.

Vielleicht hattest du solch einen Moment schon im Leben. Vielleicht war es ein Moment, in dem dich die Natur mit ihrer Schönheit in ihren Bann gezogen hat und du plötzlich außerhalb deiner Geschichte über dich und dein Leben warst. Oder es war ein Moment der Liebe oder Zuneigung. Vielleicht war es ein Moment voller Lachen und Freude. Vielleicht war es während einer Meditation. Oder du hast so einen Moment noch nicht erlebt.

Diese Momente der energetischen Singularität sind real. Sie verändern uns, indem sie uns mit allem, was wir jemals waren, sind und sein werden, verschmelzen lassen. Ich sehe das gern so, als würde die normalerweise horizontale Zeitachse zu einer vertikalen Zeitachse werden. Alles passiert gleichzeitig in diesem Moment. Die lineare Zeit ist inaktiv, und es öffnet sich dieses Tor hin zur unendlichen Quantensuppe voller Möglichkeiten. Wir können in diesen Raum nicht eintreten, wenn wir uns vor dem schützen wollen, was wir fühlen, denken und sind. Manchmal sind wir so stark in einer Geschichte über uns und unser Leben gefangen, dass wir uns von all dieser Magie abkapseln. Wir wollen lieber recht behalten als uns zu verändern und zu öffnen.

Was kannst du konkret tun, um diese Magie der energetischen Singularität in deinem Leben immer wieder zu erschaffen und immer mehr Teile deines Lichts zurückzuerobern?

1. Decke die Situationen und Momente in deinem Leben auf, in denen du dich davon ablenkst, dich mit dir und deinem Sein zu beschäftigen. Viele Menschen flüchten gern in den Konsum, verbringen viel Zeit mit Fernseher und Handy und rennen dabei die ganze Zeit vor sich weg. Finde diese Momente und nutze sie ganz konkret für Punkt 2.

2. Ich sage ausdrücklich nicht, dass du dir keine Gedanken über die Zukunft oder Vergangenheit machen solltest. Doch wenn du es tust, mach es bewusst. Nimm dir dafür Zeit. Setz dich dafür hin, schließ die Augen und widme dich voll und ganz diesen Gedanken. Das Problem sind nämlich nicht diese Gedanken, sondern dass sie uns den ganzen Tag jagen, wir sie aber immer wieder verdrängen und ihnen nie wirklich Platz in unserem Leben geben. Dadurch werden ihre Energie und Macht über uns immer stärker.

3. Nimm dir, so oft es geht, im Alltag Zeit, dein Herz zu spüren, in deinen Herzraum zu atmen und alles, was in dir ist, zu spüren. Unser Herz unterscheidet nicht zwischen gut und schlecht. Es ist offen für alles, und je öfter du diese Verbindung zum Herzen nutzt, desto mehr kannst du von deiner Herzintelligenz lernen und alles integrieren, was zu dir gehört.

4. Suche den Kontakt zu deinen Gefühlen, auch zu denen, die du eigentlich nicht fühlen willst. Schenke ihnen deine Aufmerksamkeit, lokalisiere sie in deinem Körper und finde heraus, was sie mit dir machen. Spüre sie und beobachte, wie sie sich verändern und automatisch wieder gehen, wenn du keinen Widerstand leistest.

5. Gib jeden Tag dein Bestes für deine Zukunft, mach alles in deiner Macht Stehende, um deine Träume zu verwirklichen, und lass alles los, was du nicht beeinflussen kannst. Viele Menschen trainieren immer wieder ihre Machtlosigkeit,

indem sie sich auf Dinge fokussieren, die sie nicht kontrollieren können. Bleib fokussiert auf die Dinge, die in deinem Machtbereich sind, und lass alles andere los.

6. Hab nicht den Anspruch an dich, vergangene Erfolge reproduzieren zu können. Unser Ego hat immer die Angst, dass in Zukunft etwas verloren geht, dass das, worin wir heute gut sind, morgen zu etwas werden könnte, worin wir schlecht sind. Doch du bist jeden Tag ein neuer Mensch, du veränderst dich permanent, dein Erfolg von gestern bestimmt nicht deinen Erfolg von morgen.

7. Sei jeden Tag gewillt, Fehler zu machen. Manchmal flüchten wir ins Hier und Jetzt, um uns vor Fehlern in der Zukunft zu schützen. Wir denken: Wenn wir nichts planen, kann auch nichts schiefgehen. Doch nimm dir die Freiheit, deine Route immer wieder neu zu berechnen. Eine Vision zu kreieren heißt nicht, dass sie in Stein gemeißelt ist. Du kannst deine Route immer wieder neu ausrichten.

8. Wir haben alle Angst vor Rückschritten und davor, dass wir uns verändern, ohne uns zu verbessern. Aber bitte lass mich dir eines sagen: So etwas wie Rückschritte gibt es nicht. Jede Form von Rückschritt ist eine Art »Anlauf nehmen« für den nächsten Entwicklungsschritt. Du holst Luft, hältst inne, um dann Vollgas nach vorn zu gehen. Die Spirale bewegt sich immer aufwärts.

Vielleicht ist der folgende Satz für dich eine Stütze dafür, dich immer wieder daran zu erinnern, was dich in deinem Aufblühen unterstützen kann.

»Ich kann im Hier und Jetzt sein,
um den Moment voll und ganz zu erleben.
Aber ich bin nicht im Hier und Jetzt,
weil ich Angst vor meiner Vergangenheit habe
oder Angst vor meiner Zukunft.
Ich integriere alles jetzt und trete in die Magie
der Singularität ein. Danke.«

Die wahren Gründe
für deine Erschöpfung

Wie du mehr Energie, Vitalität
und Leichtigkeit in deinem Alltag erfährst

Du bist nicht müde vom Leben.
Du bist müde von sinnlosen Gesprächen,
müde von Menschen, die deinen Wert
nicht sehen wollen.

Du bist müde von Systemen,
die dir deine Freiheit rauben.
Müde von Beziehungen,
die ihre Tiefe eingebüßt haben.
Du bist müde von Unehrlichkeit
und falschen Höflichkeiten,
müde davon, deine Wahrheit
nicht sprechen zu können.

Du bist nicht müde vom Leben.
Du bist müde, weil du
dein Licht unterdrückst,
müde davon, zu verhindern,
dass andere von deiner Kraft

geblendet werden könnten.
Du bist müde von Menschen, die sich
bekämpfen und vergessen haben,
dass unsere Essenz Liebe ist.

Du bist nicht müde vom Leben.
Du bist müde davon,
deine Lebendigkeit zu zähmen,
dein Feuer zu bündeln, weil die Gesellschaft auf
Mittelmäßigkeit programmiert ist.

Du bist müde davon,
so oft nicht du sein zu können,
authentisch, ehrlich, verwundbar und offen.
Du bist müde von all den Masken und Rollen,
vom falschen Spiel, das gespielt wird,
um eine Lüge aufrechtzuerhalten.

Du bist nicht müde vom Leben.
Du bist müde davon, nicht so leben
zu können, wie dein Herz es dir vorgibt.

Entscheide dich jetzt, dass du all den Dingen um
dich herum weniger Kraft über dich schenkst und
jeden Tag etwas mehr daran glaubst, dass du
geboren wurdest, um Wunder zu vollbringen.
Denn genau daran glaube ich. Tust du es auch?

Vielleicht siehst du es in diesem Moment noch nicht.
Doch möglicherweise wird sich das bis zum Ende

dieses Kapitels verändern. Du wurdest in den Sternen geschrieben. Du bist eine perfekt komponierte Symphonie, ein Meisterstück der Entwicklung. Ich weiß, das hört sich so toll an, und vielleicht schießt dir in diesem Moment der Gedanke durch den Kopf: »Wieso sehe ich das nicht?« Ich glaube, dass es niemanden auf dieser Erde gibt, der sich permanent in dem Bewusstsein befindet, wundervoll zu sein. Und das sollte auch nicht unser Ziel sein. Es geht vielmehr darum, jeden Tag etwas mehr zu entdecken und zu leben, dass etwas Wundervolles durch uns geboren werden will. Wir sind hier, um zu manifestieren, zu erschaffen und eine energetische Signatur der Liebe auf Erden zu hinterlassen.

Aber wie soll das gehen, wenn man müde und antriebslos ist? Denn genau so geht es sehr vielen Menschen. Vielleicht auch dir aktuell oder du erlebst immer wieder mal Phasen im Leben, in denen dich eine Erschöpfung überkommt, die über körperliche Müdigkeit hinausgeht und sich wie eine seelische Müdigkeit anfühlt.

Körperliche Müdigkeit ist etwas, das wir alle kennen. Wenn wir die gesunden Basics wie genügend Schlaf und Ruhe, Bewegung, bewusste Ernährung, frische Luft und Tageslicht nicht beachten, kann unser Körper uns durch Müdigkeit und Schlappheit alarmieren. Um diese Art von Müdigkeit geht es mir hier aber nicht, wobei eine körperliche Müdigkeit sicherlich auch eine seelische Müdigkeit triggern und verstärken kann. Dich um die Basics deines Lifestyles zu kümmern, ist der Kern deiner persönlichen

Entfaltung und um diesen Kern solltest du dich jeden Tag kümmern.

Immer mehr Menschen leiden unter einer inneren Müdigkeit, die mit Lethargie, Antriebslosigkeit und manchmal sogar mit Depression einhergeht. Ich kenne diese müden Phasen aus meinem Leben sehr gut, und auch noch heute passiert es mir immer wieder, dass mich eine innere Müdigkeit überkommt. Mittlerweile kann ich sie relativ gut einordnen und sehe ihre wahren Ursachen. Wenn wir diese erkennen, wird es uns auch viel leichter fallen, weniger oft in diese energetischen Löcher zu fallen. Lass uns diese energetischen Wurzeln der Müdigkeit durchleuchten.

Wenn du eher *gegen* etwas bist als *für* etwas, kann dir das langfristig sehr viel Energie rauben. Solche Menschen kennst du sicherlich. Sie beschweren sich den ganzen Tag über die Welt, die Politik, über andere Menschen, andere Ansichten und Verhaltensweisen und so weiter. Sie wissen ganz genau, wogegen sie sind, und kommunizieren das auch nach außen. Es gibt ihnen ein Gefühl von Bedeutung und Positionierung im Leben. Wenn sie gegen etwas sind, sind sie etwas, und das genügt erst einmal. Die meisten wollen nicht mal, dass sich diese Dinge verändern, denn wenn sie das tun, können sie nicht mehr dagegen sein. Das ist übrigens auch eine riesige Entwicklungsblockade für unsere Erde. Diese »Anti-Attitude« versorgt diese Menschen kurzfristig mit immens viel Energie, die in Form von Empörung gekoppelt an Wut an die Oberfläche gelangt. Sie ziehen einen großen Vorteil daraus – und genau deswegen ist es für die Betroffenen meist auch sehr schwer, sich zu verändern.

Vielleicht hast auch du eine gewisse Tendenz, dich mehr auf das zu fokussieren, was du als nicht gut, nicht okay und nicht passend empfindest. Was aber passiert dabei? Durch diesen Fokus verstärkst du die Energie dieser Dinge in deinem Leben und ziehst auch immer mehr Dinge in dein Leben, gegen die du sein kannst, sei es im Beruf, in der Partnerschaft oder in anderen Bereichen deines Lebens. Du kannst dort ausbrechen, wenn du dich fragst, was du in deinem Leben verstärken möchtest? Was fasziniert dich? Was möchtest du in dir nähren, welche Gefühle und Gedanken? Manchmal kann auch die Frage »Ist es wirklich das, was ich möchte« in gewissen Situationen innerer Aufruhr eine gute Erinnerung daran sein, was du in deinem Herzen willst. Diese Frage kann dich wieder auf deine Herzroute katapultieren.

Wenn wir uns permanent auf schwierige Dinge fokussieren, die um uns herum oder in der Welt geschehen, uns beklagen und beschweren, trainieren wir unsere Machtlosigkeit. Denn die meisten von diesen Dingen können wir weder verändern noch kontrollieren. Das wissen wir auf einer gewissen Ebene, beschäftigen uns aber dennoch damit. Das ist irgendwie komisch, oder? Es würde doch viel mehr Sinn machen, die wertvolle Fokusenergie in Dinge zu kanalisieren, die wir wirklich beeinflussen können, wie unsere Gedanken, unsere Gewohnheiten, Gefühle, wie wir mit unseren Mitmenschen umgehen und unsere Arbeit erledigen.

Morgens ist unser Fass an Fokusenergie noch voll, aber mit jedem Mal, wenn wir unnötige Informationen in unser System hineinlassen, die wir ja auch irgendwie verarbeiten müssen, erschöpfen wir unser Energiefass. Wenn du morgens fernsiehst oder Zeitung liest, verpufft bereits sehr viel von deiner Fokusenergie, die auch mit deiner Entscheidungskraft verknüpft ist. Je mehr bewusster Fokus, desto leichter fällt es uns auch, bewusst Entscheidungen zu treffen. Doch wenn wir all diese Energie vergeuden, weil wir unser Bewusstsein mit Informationen füttern, die auch Entscheidungskraft einfordern, fehlt uns genau diese Kraft bei den wichtigen Dingen in unserem Leben. Jede Information von außen erzwingt nämlich eine Entscheidung, die Entscheidung darüber, was wir mit dieser Information machen: sie in eine Schublade unseres Bewusstseins schieben, sie loslassen, analysieren, versuchen, sie zu verstehen, sie mit anderen bereden … Diese Mikro-Entscheidungen leeren unser Fass an Fokusenergie und machen uns müde.

Aber du kannst einen anderen Weg wählen und dich selbst vor allem vormittags vor Informationsüberflutung schützen: kein Fernsehen, kein Radio, keine sozialen Medien, keine Zeitung oder Zeitschrift, keine Nachrichten. Stattdessen bewusst in den Tag starten mit Fragen wie »Was möchte ich heute erschaffen? Wohin möchte ich heute meine Energie kanalisieren?« Mit diesen Strategien wechselst du direkt in den Aktionsmodus, ohne den Reaktionsmodus in dir zu aktivieren.

*Wenn du bereits morgens nur
am Reagieren bist, wird es dir
im restlichen Verlauf des Tages noch
schwerer fallen, zu agieren.*

Wir kennen alle dieses Phänomen: Wenn wir keine Energie haben, dann hat nichts in unserem Leben Energie. Vielleicht hast du einen Traum, den du verwirklichen möchtest? Oder du möchtest einfach eine gewisse Vision oder Zukunft für dich erschaffen, in der du glücklich, erfüllt und zentriert bist und dich selbst immer mehr entdeckst? Aber irgendetwas scheint dich immer wieder zurückzuwerfen, dich aufzuhalten? Ich möchte eine Idee in den Raum stellen: Kann es sein, dass ein Teil in dir noch immer mit deiner Geburtsfamilie verflochten ist und es ihr recht machen will? Kann es sein, dass du dich noch immer irgendwelchen Menschen aus der Vergangenheit beweisen möchtest? Das kann die Familie sein (was es in den meisten Fällen ist) oder es sind Freunde oder Kollegen. »Sich beweisen wollen« baut eine Art energetischen Draht zwischen dir und diesen Menschen auf, und über diesen Draht werden Energien ausgetauscht, ohne dass du es merkst. Das kann sehr viel Energie kosten. Wir wollen alle Anerkennung und Liebe in unserem Leben, das ist völlig okay. Aber am meisten wollen wir die Anerkennung von uns selbst. Wir wollen uns gut fühlen mit uns selbst und spüren, dass wir jeden Tag etwas mehr zur lebhaften Verkörperung unserer Ideale werden.

Ich durfte schon sehr viele Menschen in diesem Prozess der Loslösung begleiten und wurde dabei oftmals Zeugin von regelrechten Wundern. Laura zum Beispiel war Angestellte in einem Großkonzern, die Routine des Alltags saugte ihr alle Energie aus und in ihrer Freizeit hatte sie einfach nicht die Kraft, sich um ihren großen Traum zu kümmern. Ihr schwebte vor, auf Bali ein Retreathaus zu gründen, dort Menschen einen Raum für Heilung, Yoga und Meditation zu geben und das mit ihrer Liebe zur Fotografie zu kombinieren. In einer Coaching-Session mit ihr sah ich die energetischen Verästelungen insbesondere zu ihrem Vater. Sie hatte nur noch sporadisch Kontakt zu ihm, ihr Verhältnis war okay, aber ein Teil in ihr wollte es immer noch dem Vater recht machen und ein Leben führen, das nach seinen Idealen ausgerichtet war: Sicherheit, Routine, Arbeit. Sie konnte diese Verbindungen absolut nachvollziehen und war bereit, sich einzugestehen, dass sie sich selbst auf ihrem Weg blockiert hatte, weil sie davon ausging, dass ihre Ideale ihrem Vater nicht gefallen würden. Ich fragte sie, ob das wirklich stimmen kann. Vielleicht wäre der Vater sogar davon begeistert, wenn sie sich selbstständig macht? Sie wusste es nicht und sah ein, dass das nur ihre Unterstellungen und Befürchtungen waren. Ihre Heilung und Loslösung hatten begonnen. Wenige Wochen nach unserer Session begegnete sie einem Mann. Er war zu Besuch bei Freunden in Deutschland, lebte auf Bali, und sie hatten auf Anhieb eine Verbindung zueinander. Du kannst dir sicher denken, wie diese Geschichte weiterging. Ja, er wurde die Liebe ihres Lebens, sie ist mit ihm nach Bali gezogen und baut dort ihren Traum auf. So schnell kann es gehen, und das für jeden von uns. Dabei ist einfach nur wichtig:

1. zu erkennen, dass es alte, uns blockierende Verbindungen gibt,
2. zu erkennen, dass wir selbst vielleicht in Richtung Familie und Freunde unlogische Unterstellungen machen und sie dafür nutzen, um in einer Komfortzone zu bleiben, und
3. sich einzugestehen, dass man sich selbst blockiert hat.

Diese Erkenntnisschritte werden eine Loslösung triggern, die du gern mit folgenden Dingen verstärken kannst: Frag dich, was du tun würdest, wenn es niemanden geben würde, der dich kennt, weder aus der Vergangenheit noch in der Gegenwart. Das könnte einen Hinweis auf deine verborgenen Wünsche ans Leben freilegen. Geh, so oft es geht, mit deinen Gefühlen in dieses Leben hinein, das deinen Wunsch in sich trägt. Lebe dort, atme dort, bewege dich dort. Lade diesen Traum immer mehr in dein Leben ein und beobachte, welche Türen sich dir öffnen, die vorher vielleicht noch gar nicht da waren.

Wir müssen alle bereit sein, dass bequeme Becken unserer Vergangenheit, meist repräsentiert von unserer Geburtsfamilie, zu verlassen. Das muss nicht bedeuten, dass du den Kontakt auflöst. Es geht vielmehr um die emotionale Ladung hinter der

Beziehung zu deiner Geburtsfamilie und inwieweit du ihr die Möglichkeit gibst, dein Leben und deine Vorstellungen vom Leben zu färben. Du bist jetzt erwachsen, komplett ausgestattet mit allem, was du brauchst. Also flieg und stürz dich ins Leben. Wenn sie dich wahrhaft liebt, ist es für deine Familie das größte Geschenk, das du ihnen machen kannst, wenn du aufblühst.

Vielleicht sind es aber gar nicht so sehr andere Menschen, die dir Energie rauben, sondern du selbst. Vielleicht hast du sogar Gefallen an deiner Müdigkeit gefunden. Lass uns mal über den etwas unangenehmeren Teil dieser Geschichte sprechen: Kann Müdigkeit auch süchtig machen? Ja, definitiv, wenn sie uns etwas gibt, durch das wir uns unbewusst gut fühlen. Wenn du müde bist, musst du nicht alles geben. Du musst dich nicht bemühen oder deine Aktivierungsenergie in eine bestimmte Richtung lenken. Du kannst mittelmäßig durchs Leben gehen und ständig den Vorwand benutzen, müde zu sein.

Mag sein, dass das alles auch noch durch ewige Routinen in deinem Alltag verstärkt wird und dass du keinen Sinn in deiner Arbeit siehst. Das könnte allerdings auch daran liegen, dass du deiner Arbeit keinen Sinn gibst. Denn egal, welche Tätigkeit du ausführst, du kannst genau dort, wo du bist, etwas lernen und persönlich wachsen. Aber vielleicht kommt es dir ganz gelegen, nicht den Beruf deines Herzens auszuführen und so müde zu sein, denn dann musst du nicht zu deinem Licht stehen. Wenn du dein Licht lebst, könnte das andere blenden, und sie könnten dich wegen deiner außergewöhnlichen Art ablehnen. Also bleibst du lieber in dieser Endlosschleife »Müde, kein Sinn, alles beim Alten«.

Allein schon beim Lesen fühlt sich das einfach nur grauenvoll an, oder? Du weißt, was zu tun ist. Fordere dich selbst heraus, verändere deine Gewohnheiten und Gedanken und warte nicht auf den Moment, in dem dich das Leben herausfordert und vielleicht auf die Knie zwingt, damit du dich endlich für dein Leuchten öffnest. Du wurdest mit einer Vielfalt an Farben geboren, mach all diesen Farben in deinem Leben Platz, auch wenn dein Alltag Routinen hat. Du wirst die Lücken finden, die du mit Freude, Verrücktheit und Liebe füllen kannst. Und mit jeder Lücke, die du füllst, schenkt dir das Leben eine weitere und eine weitere. Wenn du dich diesem Weg öffnest und dich jeden Tag etwas mehr verwirklichst, werden sich auch unlogische Ängste und innere Panik auflösen. Denn wo kommen die her? Aus einer Art von Todesangst, die in Wirklichkeit nicht die Angst vor dem Tod ist, sondern die Angst davor ist, zu früh zu sterben, nämlich bevor die einzigartige wundervolle Stimme deiner Seele zum Ausdruck gekommen ist. Du kannst etwas verändern. Fang noch heute damit an.

Maßstäbe fürs Glück

Und wieso sie uns unglücklich machen

Du musst nicht spirituell sein. Sei einfach du selbst. Das ist das Spirituellste, was es gibt.

Ein erwachter Meister wird in einem Interview gefragt: »Wie ist es, als ein erwachter Mensch mit einer erwachten Person in einer Beziehung zu sein?«

Der Meister antwortet: »Weiß ich nicht, ich bin zwar erwacht, aber ich war noch nie mit einer erwachten Frau zusammen.«

Er beweist mit dieser Antwort, dass er alles andere als erwacht ist. Dieser Dialog kann uns den riesengroßen blinden Fleck in der spirituellen Szene offenbaren. Vielleicht zeigt er sich nicht direkt beim ersten Hinschauen, aber wenn wir tiefer blicken, erkennen wir sehr oft hinter der Fassade des erwachten Geistes ein aufgedunsenes Ego, das die Macht übernommen hat, ohne dass der Erwachte es überhaupt merkt.

Ich weiß nicht, wie gut dir dieses Kapitel gefallen wird. Vielleicht wirst du innerlich mit jedem Absatz eine Party feiern oder es wird dich nachdenklich machen und du wirst feststellen, dass gewisse spirituelle Maßstäbe, die wir uns angelernt haben, alles andere als spirituell sind und uns noch dazu unglücklich machen. Aber lass uns erst mal genauer den zitierten Meister und seine Antwort anschauen. Er bezeichnet sich selbst als erwacht, es gibt weitere Menschen, die das über ihn denken, es ist sein Businesskonzept, dass er als erwachter Mensch anderen beibringt, wie Erwachen geht. Denn das hat er ja gemeistert. Wenn wir allerdings tatsächlich in diesem Zustand des Erwachens sind, würden wir wahrscheinlich gar nicht auf die Idee kommen, das an die große Glocke zu hängen. Ich glaube, die wahren erwachten Menschen sind die, die das nicht von sich denken. Erwachen ist an ein immenses Maß von Liebe und Mitgefühl verknüpft. Wenn wir in diesem Zustand sind, mit allem um uns herum verschmelzen und keinen Widerstand gegenüber uns selbst, dem Leben oder anderen Menschen leisten, haben wir auch unsere Fähigkeit des absoluten Mitgefühls zurückerhalten. Wir sind uns der Reichweite unserer Taten, Worte und Energien vollständig bewusst.

Und jetzt kommt der wichtigste Punkt: Wenn dieser erwachte Meister wirklich wahrhaft erwacht wäre, würde er niemals diese Antwort geben. Denn diese Antwort könnte für die Frauen, mit denen er zusammen war, einfach nur niederschmetternd sein. Er degradiert sie auf eine gewisse Weise und sieht sich selbst in der Position, über sie urteilen zu dürfen. Wenn ein Mensch wirklich erwacht ist, sieht er das Erwachte in jedem Menschen, denn wir tragen es alle in uns. Wir besitzen alle einen Funken der Erleuchtung in uns, und der kann sich niemals auflösen. Wenn wir voller Mitgefühl und Offenheit gegenüber allen Lebewesen sind, sehen wir das Erwachen überall. Es mag sein, dass er tatsächlich mit Frauen zusammen war, die in seinen Augen nicht erwacht waren, aber worin liegt der Grund, das in einem Interview zu sagen?

Wie hätte deine erwachte Version darauf geantwortet? Meine erwachte Version hätte wahrscheinlich gar nicht geantwortet, zumal ich mich nicht als erwachte Meisterin sehe. Ich bin eine Frau, ein Mensch, der sich jeden Tag dem Leben etwas mehr öffnen möchte, der mehr Liebe geben und erfahren und immer mehr lernen will. Und das, was ich auf meinem Weg lerne, will ich mit der Welt teilen. Nicht mehr und nicht weniger.

Manchmal stecken mich andere in diese Schublade »erwacht«, »erleuchtet«, »spirituell weiter«. Doch jeder von uns ist auf der gleichen Reise. Es erscheint manchen Menschen sehr bequem, ihre höchsten Ideale auf andere zu projizieren und sie so nicht selbst leben zu müssen. Wir sprechen hier vom goldenen Schatten. Er schenkt uns Hoffnung, und wir sehen in dem anderen die Chance auf Erwachen – und das genügt erst einmal, um uns gut zu fühlen.

Ich weiß nicht, wie tief du schon in Spiritualität oder Persönlichkeitsentwicklung eingetaucht bist. Vielleicht bist du noch kompletter Neuling auf diesem Gebiet, und dieses Buch ist dein erstes in diese

Richtung. Das fände ich ziemlich gut für dich, denn dieses Buch ist eines der wenigen Bücher, die auch über die rohe, unschöne, dreckige und schmerzvolle Seite von persönlichem Wachstum sprechen. Über diese Seite wird nicht oft geredet, denn sie verkauft sich nicht so gut. Was sich viel besser verkauft, sind Sprüche wie »Du bist Liebe. Du musst nichts tun, alles kommt zu dir. Du findest alles in dir. Du bist reines Bewusstsein. Es ist alles gut so, wie es ist. Sei positiv, und du ziehst positive Dinge an. Sei im Frieden mit dir. Sei im Hier und Jetzt, und alle Probleme lösen sich auf. Akzeptiere es und lass es los. Du bist bedingungslose Liebe. Liebe bedingungslos …«

Vielleicht geht es dir so ähnlich wie mir: Ich kann es nicht mehr hören. Nicht weil es nicht stimmt, sondern weil all diese Aussagen Maßstäbe und Ideale sind, die von irgendwelchen Bewegungen und Menschen ausgesprochen wurden und jetzt als Wahrheit akzeptiert werden. Merkst du eigentlich, was da abläuft? Da sagt dir jemand, wie du zu leben, zu fühlen und zu denken hast. Und ja, ich weiß, auch ich habe dir immer wieder im Laufe unserer gemeinsamen Zeit Tipps und Strategien an die Hand gegeben. Doch wenn du eine achtsame Leserin bist, wirst du auch überall gespürt haben, dass mir eins am wichtigsten ist: dir diesen heiligen Raum deiner persönlichen Transformation zu eröffnen, wo du erforschen und erleben kannst, wer du bist, was du brauchst und wie du das Wunder, das du bist, noch mehr erfahren kannst.

Wenn sich dieser heilige Raum der Transformation öffnet und du dort eintrittst (und genau das passiert auf unserer gemeinsamen Reise durch dieses Buch), wirst du deine ganz eigenen Maßstäbe ins Leben rufen und dir darüber bewusst werden, was für dich Erwachen, Erfüllung und Glück bedeutet. Doch bevor sich dieser neutrale Raum öffnen kann und du dein eigenes Meisterwerk des Lebens manifestieren kannst, musst du von einigen blockierenden Glaubenssätzen Abschied nehmen.

»Sei immer im Hier und Jetzt.« Diesen Satz und das Thema Gegenwärtigkeit haben wir schon im Kapitel »Das große Dilemma« strapaziert. Falls du dieses Kapitel noch nicht gelesen hast, könnte es das richtige im Anschluss an dieses sein. Ich möchte wirklich mal mit einem Menschen sprechen, der immer im Hier und Jetzt ist, sich keine Gedanken über gestern oder morgen macht und einfach im Moment ist. Wir können uns über unseren Atem oder die Selbstbeobachtung ins Hier und Jetzt bringen, aber meist hält das nur ein paar Sekunden an, bis wir merken »Wow, ich bin im Hier und Jetzt! Hoffentlich bleibt das so …« und – zack – holt uns dieser Gedanke wieder raus.

Ich kenne so viele Menschen, die sich diesen Druck machen, im Hier und Jetzt sein zu müssen, es aber nicht schaffen und deshalb in der Selbstverurteilung landen. Gegenwärtigkeit kann aber auch ganz anders gelebt werden: Es geht dabei darum, dass du den Ort, den du im Moment physisch, emotional und gedanklich einnimmst, voll und ganz einnimmst, dass du dort bist, mit allem, was zu dir gehört, und genau dort dein Bestes gibst. Du eroberst diesen Moment, indem du dir innerlich die Frage stellst: »Wie kann ich jetzt mit dem, was ich bin und kann, mein Bestes geben ohne eine Angst vor der Zukunft und ohne die Erwartungen aus der Vergangenheit?« Wenn du dir diese Frage stellst, beginnst du auf einer ganz neuen energetischen Ebene zu schwingen und zu fühlen. Es geht gar nicht darum, dass du antwortest, sondern dass du zulässt, dass diese Frage deine Energie und deinen Fokus exakt auf das ausrichtet, was jetzt ist.

»Deine Gedanken erschaffen deine Realität« ist ein weiterer Satz, den wir überdenken können. Gedanken haben eine elektromagnetische Signatur, und sie hat eine Auswirkung auf andere Felder um uns herum. Etwas, was aber energetisch gesehen viel mehr Aussagekraft und Wirkkraft hat, sind unsere Gefühle, Empfindungen und unterdrückten Gedanken. Viele Menschen wollen nur noch positiv denken, merken aber nicht, dass sie auf der anderen Seite ihres Bewusstseins Druck ausüben und negative Gedanken (die natürlich auch zu uns gehören) unterdrücken. Wir wissen alle, dass es schlichtweg nicht möglich ist, den ganzen Tag positiv zu sein, oder? Wenn wir aber diesen Anspruch an uns haben und es nicht schaffen, entstehen Gefühle von Versagen, Schuld, Scham und Selbstverurteilung. Die unglücklichsten Menschen habe ich tatsächlich in der spirituellen Szene getroffen, und es waren meist die, die mit diesen Ansätzen regelrecht vergiftet waren und ein sogenanntes »spirituelles Burn-out« hatten. Sie sahen fahl, blass und leer aus, und ihr Lächeln schien wie antrainiert.

Du kannst nicht gegen negative Gedanken ankommen, sie sind ein Teil von unserem Überlebensinstinkt. Es war wichtig für unsere Vorfahren, zu sehen, wo etwas schiefläuft oder sich eine gewisse Gefahr verbirgt. Diese Informationen sind für unser Gehirn wichtiger als die Information »Alles ist gut«. Wir können nicht gegen diesen evolutionär seit Jahrtausenden gespeisten Drang ankommen. Aber wir können ihn bewusst nutzen, indem wir den negativen Gedanken nehmen und in eine positiv formulierte Frage umwandeln. Wenn der Gedanke »Ich schaffe es einfach nicht, zu meditieren« lautet, könnte die positiv formulierte Frage lauten: »Warum schaffe ich es, zu meditieren?« oder »Warum fällt es mir so leicht, zu meditieren?« Unser Gehirn funktioniert wie eine Suchmaschine. Diese Frage schickt es los, Antworten darauf zu finden. Manchmal sind das keine konkreten, aber was auch immer passiert, du beginnst, dich mehr auf die Lösung zu fokussieren als auf das Problem. Probiere es aus. Für mich waren diese Fragen ein Lebensretter in so vielen Momenten meines Lebens.

So viele der heute herumgeisternden spirituellen Konzepte wurden ohne Anpassung an unsere Zeit und unsere Lebensbedingungen von den Weisheitslehren aus Indien übernommen. Diese Texte habe ich jahrelang im Rahmen meiner Yoga-Ausbildung und auch aus großem Interesse an dieser Materie studiert. Sie enthalten natürlich eine tiefe Weisheit und Wahrheit. Doch viele spirituelle Lehrer reißen sie aus dem historischen Kontext und werfen sie uns Menschen der modernen Zeit an den Kopf. Die Zeit, in der viele dieser Lehren verfasst wurden, war eine sehr schwierige. Hunger, Armut, Tod, Krankheit und Ausbeutung waren Teil des Lebens. Die Menschen wurden von Priestern und Königen beherrscht, und es gab sehr viel Leid. Buddhas Lehren wie die, dass alles vergänglich ist, dass alles im Leben Leiden erzeugt und wir an nichts haften sollten, um das Leiden aufzulösen, schenkte den Menschen Trost und Hoffnung. Heute leiden wir Menschen immer noch, aber meist nicht unter existenziellen Dingen. Unser Leiden hat sich auf unsere Innenwelt übertragen. Wir leiden seelisch, und auch für dieses Leiden können diese Lehren hilfreich sein, sie müssen aber angepasst, erweitert und vielleicht sogar umformuliert werden. Denn wir sind nicht mehr die gleichen Menschen, die wir vor Tausenden von Jahren waren. Und wir brauchen auch keine institutionalisierte Form von Spiritualität, die an Regeln oder Lehren gebunden ist. Wir brauchen die Freiheit, uns selbst definieren, erleben und entfalten zu können. Und das können wir nur, wenn wir einsehen, dass uns niemand und nichts sagen kann, wie unsere persönliche Erfüllung funktioniert. Ich kann es auch nicht. Aber vielleicht merkst du bereits jetzt, wie du in deinem Bewusstsein mehr Raum findest, als würde deine Seele aufatmen, je mehr die Last spiritueller Maßstäbe von deinen Schultern fällt. Das würde ich mir von Herzen für dich wünschen.

Niemand kann dir sagen,
wie dein Leben auszusehen hat.
Du hast eine ganz persönliche Definition
von Glück und Erfüllung, und die schlummert
in deinem Herzen.

Alle Antworten liegen in dir, denn du bist Liebe und reines Bewusstsein. Was macht dieser Satz mit dir? Es kann sein, dass er einen ganz bestimmten inneren Dialog triggert: »Wo sind denn bitte all diese Antworten? Warum spüre ich nicht, dass ich Liebe bin, Liebe kann doch nicht solche Sachen denken oder fühlen? So rein kann mein Bewusstsein gar nicht sein, bei all dem Zeug, das da durch meinen Kopf schießt!« Falls solche Gedanken in dir hochkommen, möchte ich dir gratulieren. Du hast gesunden Menschenverstand, du wurdest von spirituellen Maßstäben nicht dazu erzogen, diese Gedanken zu unterdrücken, und du bist so ehrlich zu dir, dass du dir eingestehst, noch nicht so perfekt zu sein, wie du vermeintlich sein solltest. Ich liebe solche Menschen. Das ist ein super Fundament, auf dem man arbeiten kann. Alles, was dieser Satz am Anfang dieses Absatzes sagt, ist wahr. Aber es ist nicht für all deine Teile wahr. Damit meine ich, dass es Teile in dir gibt, die ihn nicht glauben können und auch nicht glauben sollten. Ich glaube, wir werden diese Reinheit und Liebe noch früh genug erfahren, wenn wir unsere menschliche Erfahrung hinter uns lassen und unsere Reise auf eine andere Art und Weise fortführen.

Doch im Moment geht es um etwas ganz anderes: dass du inmitten von all dem Negativen in dir und um dich herum erkennst, dass du wundervoll bist, dass du so, wie du bist, perfekt bist und dass du für ein Privileg geboren wurdest. Das Privileg, du zu sein, du selbst zu sein, dieser ganz einzigartige Ausdruck des Spirit. Du hast so viele Gründe dafür, es zu genießen, du zu sein. Niemand ist so wie du, niemand wird jemals so sein wie du. Alles, was du erlebt hast und erlebst, alles, was du denkst, fühlst und bist, ist es so sehr wert, von dir erfahren zu werden. Ein Funken Universum verdichtete sich zu diesem wundervollen Menschen. Er wurde du. Lebe dich, entdecke dich, setze ganz neue Maßstäbe an dich und dein Leben und egal, ob sie zu dem spirituellen Gedöns anderer passen oder nicht. Du kannst nicht nicht spirituell sein, und jede deiner Bestrebungen, besonders spirituell sein zu wollen, wird nach hinten losgehen. Dein Ego wird sich einschleichen und deine spirituellen Ideale nutzen, um sich zu positionieren. Das wird dich nicht erfüllen. Aber ich weiß, dass du genau deswegen auch diese Zeilen hier liest. Atme, vertraue, lass dich in den Ozean deines Herzens fallen. Du wirst vielleicht nicht alle Antworten finden, aber du wirst mit deiner Essenz verschmelzen, einer Essenz, die keiner Erklärung bedarf.

Es gibt keinen Codex fürs Leben

Vergiss die Regeln, wie du dein Leben lang gesund, erfolgreich und erfüllt sein kannst

Wenn du das Gefühl hast, nicht in diese Welt zu passen, liegt es vielleicht daran, dass du hier bist, um zu helfen, eine neue Welt zu erschaffen.

Was muss geschehen, damit du glücklich bist? Wie musst du dich fühlen, damit du dich als erfüllt empfindest? Welche Gewohnheiten und Gedanken müssen in deinem System aktiv sein, damit du zufrieden mit dir bist? Wie hat ein Leben auszusehen, das du als perfekt bezeichnen würdest? Wie sollten Menschen auf dich reagieren, wie sollten sie mit dir umgehen? Wie sollte sich dein Partner verhalten, dein Chef, deine Kollegen, Freunde?

Hast du dir über all diese Fragen schon einmal Gedanken gemacht? Vielleicht nicht bewusst, aber unbewusst gibt es einen Ort in dir, an dem eine Art

Codex fürs Leben abgespeichert ist. Dieser Codex ist die Summe aller Regeln, die du für dich und dein Leben aufgestellt hast. Dein persönliches Glück orientiert sich an dem Grad der Erfüllung dieser Regeln. Werden diese Regeln eingehalten, empfindest du das als angenehm. Verstoßen andere oder verstößt du selbst gegen deine Regeln, fühlt sich das nicht gut an. Dein Codex fürs Leben ist der wichtigste Bestimmungsfaktor für deine Erfüllung. Manche von diesen Regeln können zerstörerisch sein, andere können dich erheben. Wenn du diese Regeln nicht durchleuchtest, wirst du es vielleicht verpassen, die wahren Ursachen für deinen emotionalen Zustand zu finden, und nichts wird sich verändern.

Mein innerer Codex fürs Leben war lange Zeit sehr zerstörerisch. Mein Repertoire an Regeln bestand unter anderem aus diesen Dingen: Ich muss immer gut aussehen. Ich sollte immer gut gelaunt sein. Menschen sollten von mir denken, dass ich schon sehr weit und sehr weise bin. Ich sollte immer attraktiv auf Männer wirken. Andere Menschen sollten mich immer wahrnehmen, mir Aufmerksamkeit schenken, mir immer in die Augen schauen, wenn ich spreche. Meine Familie sollte mir Freiheit geben und mich niemals kritisieren. Mein Partner sollte mich begehren und es toll finden, dass ich Yoga mache und meditiere. Jeder sollte wissen und sehen, dass ich spirituell bin …

Das könnte ich noch für viele Zeilen fortsetzen. Damals, als ich diese Regeln in meinem Leben aufrechterhalten wollte, waren sie mir gar nicht wirklich bewusst. Ich hatte mir auch nie diese Fragen gestellt, die ich dir zu Beginn dieses Kapitels genannt habe. Es waren unausgesprochene und versteckte Regeln, die ich an mein Leben stellte. Und mit jedem Tag wurde die Liste (und damit die Last) dieser Regeln länger und schwerer.

Ich habe im Lauf unserer bisherigen Reise immer wieder von meiner Geschichte erzählt, und vielleicht kannst du dich auch an den einschneidenden Moment erinnern, der mich dazu zwang, alles aufzugeben. Als ich in dieser Phase der Leere und Verlorenheit war, wurde eine innere Stimme sehr laut in mir. Sie sagte: »Geh, geh raus in die Welt, sammle dich.« Das tat ich auch, und eines meiner ersten Ziele war Sri Lanka. Dort war ich in einem Kloster auf einem Hügel untergebracht, und in der allerersten Nacht wollte ich schon wieder abreisen. Ich hatte eine kleine Hütte mitten im Wald. Sie war voller großer Spinnen und Geckos. Tagsüber fiel mir das auf, aber ich war so sehr mit dem »Einzug« beschäftigt, dass ich diesen Tierchen keine große Aufmerksamkeit schenkte. Dann wurde es dunkel. Ich ging nach der Abendzeremonie in meine Hütte, machte mich bettfertig, legte mich hin. Überall an den Wänden und an der Decke sah ich nun Insekten, Spinnen und andere, für mich nicht identifizierbare Tiere. Ich bekam auf einmal keine Luft mehr. Ich ging in eine Starre über, unfähig, mich zu bewegen. Mein Herz klopfte so schnell, dass ich meinen Puls bis in meinen Kopf hinein spüren konnte. So eine Art von Panik hatte ich noch nie erlebt, und ich wusste nicht, was ich tun sollte. Gleichzeitig schienen diese ganzen Tiere immer näher zu kommen. Sie wurden immer größer und größer. Ich wusste, ich musste etwas tun. Schlagartig zwang ich mich, aus dem Bett zu springen, und rannte in meinem Schlafanzug aus der Hütte hinaus in den dunklen Wald, in dem das Kloster stand. Es war stockdunkel. Das Einzige, was ich sehen konnte, war ein Licht, das aus den Fenstern des Speisesaals weiter unten kam. Ich weiß nicht, wie ich dorthin gelangte. Ich hatte einen Filmriss, als hätte mich ein Engel sicher auf dem dunklen und gefährlichen Pfad nach unten geführt.

Ich trat in den Speiseraum. Einer der Helfer des Klosters sah mich verstört an und ließ mich dann einfach dort stehen. Ich setzte mich auf einen Holzstuhl und dachte mir, dass ich bis zum Morgengrauen hier einfach warten werde, bis ich abreisen kann. Ein paar Minuten später stand ein Mönch in dunkelrotem Gewand vor mir. Die Robe war nicht so perfekt gebunden wie üblich, offensichtlich hatte der Helfer den Mönch mitten aus dem Schlaf gerissen. Der Mönch sah mich mit einem subtilen Lächeln an. Er setzte sich relativ weit entfernt von mir auf einen Stuhl, drehte den Stuhl aber so zu mir, dass er mir direkt in die Augen schauen konnte. Seine Augen strahlten etwas derart Liebevolles aus, so etwas hatte ich noch nie gesehen und habe es bis heute nicht wieder. Er fragte mich nach meinem Namen und sprach ihn drei- oder viermal hintereinander aus, als würde er sich über den Namen mit mir verbinden. Er sah so entspannt und gelöst aus, dass seine Ruhe mich auch immer mehr beruhigte. Ich erwartete, dass er mich gleich fragen wird, was los ist und warum ich nicht in meiner Hütte bin. Das tat er aber nicht. Stattdessen blickte er mich an und sagte: »Ich sehe eine große Trauer in dir. Die Tiere in deiner Hütte, vor denen du Angst hast, sind die Boten deines Schmerzes.« Wie konnte er das bloß wissen? Ich hatte doch niemandem davon erzählt! Das war der erste Gedanke, der mir durch den Kopf schoss, und im nächsten Moment konnte ich nicht anders, als einfach nur schluchzend zu weinen.

Durch diese zwei Sätze hatte er eine Lawine an Heilenergie in mir losgetreten, und ich weinte einfach nur noch. Minuten vergingen, und als ich mich immer mehr beruhigte, blickte er mich wieder an und sagte, dass ich zu streng zu mir gewesen sei und dass ich Regeln in meinem Leben hätte, die mich unglücklich gemacht haben. Er würde mir zeigen, wie ich mir selbst wieder voller Mitgefühl begegnen könnte, wie der Schmerz sich in Licht verwandeln und ich Freundschaft mit meinem Schmerz schließen könne. Danach sah ich nie wieder etwas Bedrohliches in meinen tierischen Mitbewohnern. Ich erkannte, dass all meine unterdrückten Gedanken und Gefühle sie zu etwas gemacht hatten, was sie nicht waren.

Jeder von uns hat diese unerwünschten Mitbewohner bei sich zu Hause. Das sind all die Dinge in dir, in deinem Leben und um dich herum, die du nicht sehen möchtest. Sie ernähren sich von all den destruktiven Regeln, die du für dein Leben festgesetzt hast.

Das ist ihr Futter. Meistens tappen wir im Dunkeln und sehen unsere Mitbewohner nicht, was aber nicht heißt, dass sie nicht da sind. Sie sind da, sie wollen sogar von dir gesehen werden, aber meist bist du zu sehr damit beschäftigt, deinen Regeln für ein perfektes Leben hinterherzujagen. Ich glaube, eine unseren größten Ängste ist die Angst vor der Angst. All diese Tiere in meiner Hütte haben auch meine Ängste und Zweifel repräsentiert, und ich hatte Angst davor, mich all dem zu stellen, weil ich davon ausging, dass sie gekommen waren, um mich zu zerstören. Das, was uns viel mehr wehtut als Angst oder Zweifel, ist die Befürchtung, dass wir unserer Angst erliegen könnten.

Bitte lass mich dir eins sagen: Du hast deine Ängste erschaffen, also hast du auch alles in dir, um über sie hinauszuwachsen. Dafür ist es aber wichtig, dass du deinen Codex fürs Leben überdenkst und wo nötig änderst, denn er kann die Ursache für so viele von deinen Ängsten sein. Wenn du beispielsweise die Regel aufgestellt hast, dass Menschen dir Aufmerksamkeit schenken müssen, wird diese Regel deine Angst vor Ablehnung nähren. Oder wenn du für dein persönliches Glück festsetzt, dass dein Partner immer gut drauf ist, wenn er dich nach der Arbeit sieht, schlummert darunter deine Angst davor, ihn vielleicht doch nicht so glücklich machen zu können, oder die Angst, dass er dich nicht liebt.

Wir alle haben ein ganzes Netzwerk aus Regeln für unser Leben aufgebaut, und alle sind miteinander verknüpft. Wird eine Regel nicht befolgt, gehen auch andere in Alarmposition, und eine Welle an Gefühlen von Scheitern und Unfähigkeit wird losgetreten.

Hab nicht den Anspruch an dich, alle Regeln zu identifizieren, das musst du nicht. Wir wollen uns vor allem auf die Regeln stürzen, die uns unglücklich machen und uns in eine Position der Ohnmacht bringen. Wenn es zum Beispiel deine Regel ist, dass dein Chef dich morgens freundlich grüßen sollte und dich als Zeichen seiner Wertschätzung nach deinem Wohlbefinden fragen sollte, und er tut dies nicht, wurde eine von deinen inneren Regeln nicht befolgt. Du fühlst dich schlecht und interpretierst die Situation so, dass dein Chef gegen dich ist und du nun nicht mehr glücklich sein kannst. Aber könnte es nicht sein, dass dein Chef vielleicht einfach einen schlechten Tag hatte oder terminlich sehr eng gestrickt war? Warum nimmst du das persönlich? Ganz einfach, weil es eine Regel hinter all deinen Regeln gibt: Alles dreht sich um dich. Du bist das Zentrum des Universums. Vielleicht musst du schmunzeln oder laut lachen. Ich tu es gerade, während ich schreibe. Wir wissen alle, dass niemand von uns das Zentrum des Universums ist. Nicht alles dreht sich um dich, und es gibt einfach Dinge, die so ablaufen, wie sie ablaufen, weil sie so ablaufen. Das hat nichts mit dir zu tun.

Diese Regel hinter allen destruktiven Regeln ist die Garantie dafür, dass du unglücklich bist und bleibst. Wenn wir sie loslassen, nicht alles im Leben persönlich nehmen und uns mehr auf das fokussieren, was unser inneres Wohlbefinden stärkt, haben wir eigentlich schon gewonnen. Dann verwandelt sich die Regel »Mein Chef muss sich morgens um mich kümmern« in »Ich muss mich morgens um mich kümmern, weil ich es mir wert bin, einen schönen Tag zu haben – egal, was mein Chef tut oder nicht tut«. Das schmeckt doch so richtig gut nach innerer Befreiung, oder?

Geh wachsam durch deinen Alltag und versuche, deine destruktiven Regeln zu entlarven. Tausche sie gegen neue Regeln für dein Aufblühen. So erschaffst du einen ganz neuen Code für dein Leben, und der alte Codex verliert mehr und mehr an Kraft über dich. Deinen Mitbewohnern entziehst du damit das Futter, und meist ziehen sie dann von allein aus.

Eine wichtige Frage im Alltag, vor allem wenn Gefühle von Unwohlsein oder Enge entstehen, könnte sein: »Warum fühle ich so, wie ich fühle? Unterstelle ich der Person oder der Situation gerade etwas, was auf einer inneren Regel basiert?«

Sei auch achtsam in Situationen, in denen deine Erwartungen nicht erfüllt werden, und stell dir die Frage: »Auf welcher inneren Regel könnte diese Erwartung basieren?« Finde diese Regel. Vielleicht ist es die, dass andere Menschen und speziell dein Partner das tun sollten, was du ihnen sagst. Dann ändere die Regel in eine Version, die die Kontrolle dir selbst übergibt und dein Gegenüber und die Situation aus deinen machthaberischen Klauen befreit. Die Regel könnte dann lauten: »Jeder handelt nach seinen Vorstellungen und gibt auf seine eigene Art und Weise sein Bestes. Ich auch, und das unabhängig vom Besten anderer.«

Spürst du, wie befreiend diese neuen Regeln sein können? Aber Achtung: Du wirst trotzdem immer wieder Situationen erleben, wo der destruktive Codex mehr Kraft hat als der neue. Du wirst diesen Situationen jedoch viel weniger verfallen, dich viel weniger in diesen Ansprüchen an dich selbst und deine Umwelt verlieren. Du wirst deine Selbstsabotage erkennen, und manchmal ist das das Einzige, was benötigt wird, um den inneren Codex wieder upzugraden.

Ich wähle es, zu glauben, dass das, was du bist und nicht bist, in keine Form von Codex passen kann. Aber einen versteckten Codex zu leben, der dich in destruktiven Mustern festhält, hält dich auch davon ab, zu erkennen, dass du voller Wunder und Potenzial bist. Das Leben braucht keinen Codex. Niemand kann dir diesen Codex geben, niemand kann dir sagen, wie Erfüllung für dich funktioniert. Du selbst aber kannst es. Definiere neue Regeln für dich, die dich befreien und erheben.

Nähere dich Tag für Tag immer mehr deiner inneren Natur, so als würdest du mehr und mehr aufsteigen, leichter werden, den Ballast von dir abschütteln und mit deiner Essenz verschmelzen. Diese Essenz wurde in den Sternen geschrieben.

Wie du deine Einzigartigkeit und wahre Größe lebst

Schließe Frieden damit, nicht von jedem geliebt zu werden

Für manche Menschen wirst
du immer zu anders, zu hell, zu laut, zu viel
von dem und zu wenig von dem sein.
Sieh es mal so: Du bist anders.
Und genau deswegen kannst du
etwas verändern.

Jeder von uns hat ein Bedürfnis, anders zu sein. Vielleicht hat dich dieses Bedürfnis auch zu diesem Buch geführt. Wenn ich schreibe, dass du in den Sternen geschrieben wurdest, heißt das für mich auch, dass das, was du bist, einzigartig ist und unvergleichlich. Das fühlt sich gut an, oder? Wir alle lieben das Gefühl der Andersartigkeit und Einzigartigkeit. Jeder von uns ist auch tatsächlich einzigartig. Aber nicht alle sind für ihre Andersartigkeit bereit. Der Weg der Andersartigkeit kann nämlich einiges von dir einfordern. Das hat er für mich auch.

Es gab viele Punkte, in denen ich von klein auf anders war: Ich hatte eine sehr stark ausgeprägte Empfindsamkeit gegenüber Energien, Gefühlen und Gedanken anderer, anders als meine Schwestern. Ich weigerte mich im Kindergarten, die Hühnersuppe zu essen, da ich intuitiv einen Widerwillen gegenüber Fleisch hatte, anders als die anderen Kinder. Typische Wunschvorstellungen von einem Mädchen entwickelte ich nicht, eine weiße Hochzeit oder eine Familie zu gründen, das interessierte mich nicht. Familienfeste waren für mich das Allerschlimmste als Kind, und von denen gab es sehr viele. Ich liebte es, allein zu sein, und auch das war sehr anders. Ich studierte BWL, aber schlug dann einen ganz anderen Weg ein. Auch das ist außergewöhnlich.

Vielleicht fallen dir jetzt deine Andersartigkeiten ein oder du beginnst, darüber nachzudenken, was du anders machst als die breite Masse oder anders als die meisten Menschen in deinem Umfeld. Vielleicht sind es in deinen Augen nur Kleinigkeiten, aber auch die tragen einen großen Beitrag zu deinem Lebensgefühl bei.

Wichtiger als die Frage, was du bereits an Andersartigkeit in deinem Leben gelebt hast oder aktuell lebst, ist folgende: Was würdest du gern anders machen, wenn du könntest? In welchen Bereichen deines Lebens würdest du dich gern außergewöhnlich verhalten, anders denken und fühlen? Wo und wann würdest du gern mal etwas Verrücktes tun? Lass ganz spontan diese Dinge in dein Bewusstsein kommen, und falls es nicht viele sind, könnte das zweierlei bedeuten:

1. Du lebst deine Andersartigkeit bereits sehr weitreichend und hältst deine Einzigartigkeit nicht zurück.
2. Du hast dich so lange darauf trainiert, der Normalität zu genügen, dass du es dir nun nicht erlauben kannst, anders zu sein. Du hast verlernt, deiner Andersartigkeit im Leben Raum zu geben. So geht es sehr vielen Menschen, denn Andersartigkeit zu leben kann eine große Herausforderung sein. Irgendwann fällt es uns gar nicht mehr auf, dass wir Dinge tun, die wir für uns und unser Herz nicht hinterfragen. Wir folgen einfach den Regeln anderer Menschen oder der Gesellschaft.

Wenn wir uns in den Normalitäten des Lebens verlieren, wird in uns eine Sehnsucht geweckt. Was ich über all die Jahre meiner spirituellen Arbeit lernen durfte: Wir werden alle mit einem inneren spirituellen Recht auf Andersartigkeit geboren und haben ein natürliches Bedürfnis danach, sie zu leben und mit der Welt zu teilen. Warum fällt es uns aber oft so schwer, diese Andersartigkeit zu verkörpern? Warum verlernen wir es, die einzigartige Stimme unserer Herzen zu nutzen und unsere Botschaft mit der Welt zu teilen? Dafür gibt es sicherlich viele Gründe, aber einer, der alle anderen Gründe mitschafft, ist, dass wir unsere Andersartigkeit meist an der falschen

Stelle im Leben suchen. Das wissen Unternehmer und nutzen es, um uns Produkte zu verkaufen, durch die wir uns anders und einzigartig fühlen sollen. Das schaffen sie auch, aber meist nur sehr kurzfristig. Oder wir suchen unsere Andersartigkeit in destruktiven Gewohnheiten. Für viele Menschen ist zum Beispiel das Rauchen ein rebellischer Akt und ein Zeichen an die Umwelt: »Ich rauche, ich bin anders.« Wir suchen unsere Andersartigkeit in der Abwehr gegenüber Ideen, Menschen, politischen Richtungen oder Institutionen. Viele Menschen, die sich mit Verschwörungstheorien beschäftigen, sehen gar nicht, dass sie das tun, um gegen etwas zu sein, was die breite Masse glaubt. Sie vergessen das, wofür sie sind, und sind fortlaufend in einer Abwehrposition, was letzten Endes ihnen selbst schadet und sie in einen permanenten Stresszustand versetzt. Diese Wege sind für mich keine echten Wege der Andersartigkeit, sondern vielmehr Wege der zerstörerischen Rebellion. Entweder sie zerstören immer mehr unsere körperliche und emotionale Gesundheit oder sie breiten die Energie von Angst und Panik aus, so wie das bei den Verschwörungstheorien sehr oft der Fall ist.

Wenn du deine Andersartigkeit leben möchtest, könnte es passieren, dass du in einen inneren Konflikt gerätst: Du willst anders sein, aber nur bis zu einer bestimmten Grenze. Du willst anders sein, aber nicht zu stark, denn das könnte dazu führen, dass du die Verbindung zu anderen Menschen verlierst oder sogar Ablehnung von ihnen erfährst. Und genau dort ist der innere Konflikt. Für viele von uns ist es ein Widerspruch, anders als die anderen und gleichzeitig mit ihnen verbunden zu sein. Vielleicht existiert dieser Widerspruch aber gar nicht, wenn wir unsere Andersartigkeit von einem anderen Ort aus in uns leben und verkörpern. Vielleicht löst sich dieser Widerspruch auf, wenn wir nicht einfach nur unserer Andersartigkeit und Einzigartigkeit willen anders sein wollen, sondern weil wir entdeckt haben, dass genau unsere Andersartigkeit der Weg ist, mit allem verbunden zu sein und den eigenen Beitrag an das große Ganze zu leisten. Genau daran glaube ich nämlich.

Wenn du damit beginnst, dir deine Andersartigkeit zurückzuerobern, kann es sein, dass du auf Gegenwind oder Ablehnung stößt. Vielleicht ist das sogar ein gutes Zeichen und der Beweis dafür, dass du etwas Außergewöhnliches tust, was die anderen noch nicht kennen – und das, was unbekannt ist, wird meist erst mal angegriffen und infrage gestellt. Jede Form von Veränderung oder von neuen Ideen verbraucht Energie, und genau das wollen die meisten Menschen vermeiden und lieber in ihrer Komfortzone bleiben. Das bedeutet aber gleichzeitig, dass Ablehnung nicht im direkten Zusammenhang mit deiner persönlichen Andersartigkeit steht. Ablehnung und Gegenwind sind Teil des Lebens und vollkommen unabhängig davon, wie anders du bist oder nicht (wobei ich denke, dass du gar nicht nicht anders sein kannst). Der Weg der Andersartigkeit wird in anderen immer Widerstand auslösen, und das vor allem zu Beginn. Je bewusster, stärker und authentischer du deinen Weg lebst, desto mehr Menschen werden sich dieser Idee öffnen und sich von dir inspirieren lassen.

Vor vielen Jahren sprach ich zum Beispiel schon über Zucker und erzählte in meinen Kursen, wie er die »spirituellen Antennen« dicht machen und unsere Meditation stören kann. Damals wurde ich noch voller Empörung angeschaut. Heute ist Zuckerverzicht ein Trend, und alle sind sich einig, dass Zucker für uns schädlich ist. Ich habe damals immer wieder darüber gesprochen, und es gab Leute in meinen Seminaren, die mit mir diskutiert und ihren Zuckerkonsum verteidigt haben. Niemand wollte mir anfangs zuhören, aber ich blieb dran – und heute sind Körperbewusstsein und eine zuckerfreie Ernährung für viele ein wichtiger Teil der Persönlichkeitsentwicklung geworden. Wir haben solche Umschwünge immer mehreren Menschen zu verdanken, die ihre Andersartigkeit leben.

Jeder will anders sein, aber kaum jemand will den Weg der Andersartigkeit gehen, weil er schwierig und mühsam sein kann, vor allem zu Beginn der Reise. Die meisten Menschen, die ihn trotzdem gehen, tun das aus meiner Erfahrung nach zwei Gründen:

1. Sie erlangen ein Gefühl von Bedeutsamkeit in ihrem Leben und/oder dem Leben anderer. Das ist eines ihrer stärksten persönlichen Bedürfnisse, und sie befriedigen es unter anderem durch Dinge, die sie bewusst anders machen als die

anderen. Häufig ist es da auch erst einmal egal, ob das für sie und ihren Herzensweg stimmig ist. Sie wollen anders sein, und das um jeden Preis. Diese innere Motivation kann zu ganz unschönen Auswüchsen der Andersartigkeit führen und ist meist einfach nur vom Ego gesteuert, das sich über andere stellen und abgrenzen möchte.

2. Der zweite Grund hinter dem Wunsch nach Andersartigkeit ist der innere Wunsch, die eigene Einzigartigkeit der Welt zum Geschenk zu machen. Der Mensch ist vor allem von der Freude am Geben motiviert. Natürlich wird er dadurch auch Bedeutung und Wichtigkeit im Leben finden, aber das steht für ihn nicht im Vordergrund und ist einfach nur ein Begleitprodukt der Andersartigkeit.

Viele Menschen wollen nur von dem inneren Wunsch, ihre Andersartigkeit mit der Welt zu teilen, getrieben sein und verurteilen sich oft sogar für die Gedanken daran, dass dies auch eine positive Auswirkung auf ihre Position im Leben hat. Bitte lass diese Selbstverurteilung los und hab nicht den Anspruch an dich, »bedingungslos« zu geben. Denn wenn du nur bedingungslos geben willst, stellst du dem Geben auch schon eine Bedingung. Wir sind nie nur Liebe und Höheres Selbst, sondern auch Mensch und Ego, und es ist völlig okay, im Leben eine Bedeutung haben zu wollen. Jedes Mal, wenn wir diesen Teil unterdrücken, kommt unser Ego durch die

Hintertür, beherrscht diesen unterdrückten Gedanken und somit auch unsere Handlungen und Motive. Und wir merken es nicht einmal.

Wenn wir aber im Frieden damit sind, dass wir durch unsere Andersartigkeit auch an Bedeutung gewinnen werden, wird dieser Teil uns nie unbewusst dominieren. Wenn du dich der Welt zeigst, dann zeige dich auch mit deinem Ego, deinen Schatten, deinen Unsicherheiten. Genau das sind auch die Dinge, die deine Einzigartigkeit ausmachen. Wir brauchen heute echte Menschen zum Anfassen, die nicht nur schön klingenden Konstrukten hinterherjagen und gewisse Teile ihrer Andersartigkeit aussperren, sondern die zu ihren Ecken und Kanten stehen. Ich glaube, das ist es, was uns an charismatischen Menschen so sehr anzieht. Sie zeigen sich mit allen Facetten ihrer Einzigartigkeit.

Egal, an welchem Punkt du in deinem Leben stehst, es ist nie zu früh und nie zu spät, deine Andersartigkeit zu entdecken und zu leben. Folgende Punkte könnten dabei hilfreich sein:

* Durchforste dein Leben nach Ritualen deiner Andersartigkeit, die zerstörerische Wirkungen auf dich oder andere haben. Falls es diese gibt, frage dich, welche Gefühle dir diese Rituale schenken und welches Bedürfnis dadurch gestillt wird. Könntest du dieses Bedürfnis auch anders stillen? Könntest du diese Andersartigkeit auch auf konstruktive Art und Weise leben?

* Wenn du den Weg der Andersartigkeit gehst, wirst du von einigen Menschen abgelehnt werden. Schließe jetzt schon Frieden damit und mach dir bewusst, dass Ablehnung gegenüber neuen Ideen ein Reflex für viele Menschen geworden ist. Sie denken gar nicht darüber nach, also nimm es nicht persönlich und fokussiere dich lieber auf Menschen, die deine Herzensstimme hören und verstehen wollen.

* Deine Andersartigkeit ist gekoppelt an deine Vorstellungen vom Leben. Wir haben darüber bereits an einigen Stellen in diesem Buch gesprochen, und an dieser Stelle wird es umso wichtiger: Du musst wissen, was du vom Leben erwartest und wie dein Code fürs Leben lauten soll. Wenn du das immer mehr spürst und lebst, wird sich deine Andersartigkeit mehr und mehr offenbaren.

* Es geht nicht nur darum, dass du anders bist, es geht darum, dass du deine Andersartigkeit mit der Welt teilst. Finde Wege und Möglichkeiten, das zu tun. Im Zeitalter der Digitalisierung ist das über das Internet sehr einfach möglich. Teile deine Botschaft mit der Welt, und die Menschen, für die sie wichtig sein könnte, werden dich finden.

* Sei nicht anders um der Andersartigkeit willen, sondern aus einem inneren Wunsch heraus, diese Welt zu verändern. Aber schließe gleichzeitig Frieden damit, dass deine Andersartigkeit auch dein Ego nähren kann. Daran ist nichts

Verwerfliches. Sei im Frieden damit, denn dann hat dieser Teil keine Kraft über dich.

* Anders zu sein heißt, außergewöhnlich zu sein, das heißt Dinge außerhalb des Gewöhnlichen zu tun. Frage dich immer wieder, was du von Herzen und aus deinem Bauch heraus gern anders machen würdest? Befahre neue Straßen, die noch unbefahren sind, und beobachte, welche neuen Möglichkeiten sich dort auftun. Teile deine Erfolgserlebnisse und Erkenntnisse mit der Welt.

* Fokussiere dich viel mehr auf das, was du in der Welt verstärken möchtest, als auf das, was du nicht willst.

Dieser letzte Punkt scheint mir der wichtigste zu sein, denn oftmals holen wir uns viel kurzfristige Energie daraus, gegen etwas zu sein. Wir bekämpfen etwas, sind gegen etwas, wollen etwas nicht mehr sehen. Und dann vergessen wir vor lauter Widerstand das, wofür unser Herz schlägt. Denn genau dort, wo du dein Herz spürst, liegt auch deine Andersartigkeit verborgen. Die Stimme deines Herzens verkündet dir die einzigartige Signatur deiner Seele. Von deinem Herzen kannst du lernen, mutig, stark und unaufhaltsam zu sein.

Verbinde dich mit deinem Herzen.
Leg eine Hand dorthin, und spüre die Kraft
deiner Einzigartigkeit, die dort pocht.
Sie klopft an. Öffne die Tür. Es ist an der Zeit.

Wie du wahren
inneren Frieden findest

Und dich nicht mehr unnötig
über andere aufregst

*Was auch immer das Leben von dir wegträgt und
nimmt, lass es los, lass es gehen. Loslassen ist
kein Verlust, denn du erhältst jedes Mal ein Stück
deiner Seele und deines Friedens zurück.*

Du hast es oft genug in diesem Buch gelesen: Du
wurdest in den Sternen geschrieben. Du bist wundervoll. In diesem Kapitel wollen wir uns nun mal
den nicht so lichtvollen und wundervollen Teilen in
dir widmen. Es gibt zwei Arten von Menschen: die
einen, die ihre Schatten leben, bewusst oder unbewusst. Und es gibt die, die ihre Schatten leugnen.
Zur letzten Gruppe gehören spirituell bewanderte
Menschen, die ausschließlich davon sprechen, dass
wir alle Liebe sind. Das möchte ich gern glauben,
aber ich kann es nicht. Vielleicht geht es dir so ähnlich. Ich habe in mir, in anderen und in der Welt so
viel Grauenvolles gesehen, was alles andere als Liebe

war, dass ich nicht glauben kann, dass da nur Liebe ist. Ich muss es aber auch nicht glauben und kann dennoch das Feld der Liebe auf der Erde nähren. Ich will sogar behaupten, dass wir noch mehr eins werden mit unserer Essenz, wenn wir uns unseren Schatten stellen. Und unsere Essenz ist in der Tat Liebe.

Gibt es Situationen, Momente oder Menschen in deinem Leben, die dich wirklich böse machen können, dich emotional komplett aus deiner Mitte reißen, wo du dann einige Zeit brauchst, um dich wieder zu zentrieren? Vielleicht fallen dir spontan ein paar von diesen Momenten ein – lass sie in dein Bewusstsein aufsteigen. Wir werden mit ihnen arbeiten.

Ich würde mich als Meisterin darin bezeichnen, mich aufzuregen. Ja, du hast richtig gelesen. Es gibt viele Dinge, die ich nicht okay und nicht fair finde. Sie lösen in mir eine aufsteigende Hitze aus und den Drang, noch mehr in der Welt verändern zu wollen. Beispielsweise finde ich es unmöglich, wenn Menschen in Restaurants oder Hotels die Angestellten respektlos behandeln. Diese Gäste nutzen ihre Machtposition als Kunden über die Bedienung aus und kommandieren die Leute herum, als wären sie die Herrscher der Welt. Ich habe schon einige Male solche Situationen vom Nebentisch miterlebt, und jedes Mal stand ich kurz davor einzugreifen. Ich tat es aber nie, weil ich Angst hatte, den Kellner damit in eine noch unangenehmere und peinlichere Situation zu bringen.

Innerlich habe ich früher bei so etwas lange gebrodelt, bis ich erkannte, dass hinter so einem ganzen

Geschehen einige von meinen Schatten schlummern. Wenn Menschen andere machthaberisch behandeln, kann das ein Zeichen für viele verschiedene Dinge sein. Es sind meistens Menschen mit einem niedrigen Selbstwert, die sich nicht unter Kontrolle und keine Macht über sich selbst haben, deswegen müssen sie sie über andere ausüben. Was da passiert, ist eine Form von Machtmissbrauch, und den haben nur Menschen nötig, die unsicher sind, die vielleicht auch in einem Schmerz der Bedeutungslosigkeit feststecken und es verlernt haben, sich selbst und anderen Achtung und Liebe zu schenken. Genau so möchte ich nicht sein. All das sind Dinge, die ich auf einer gewissen Ebene verabscheue – und genau das war lange Zeit mein Problem.

Jetzt könntest du natürlich sagen: »Bahar, wer bitte würde denn das nicht als schlimm bezeichnen?« Wahrscheinlich keiner, aber um die anderen geht es hier nicht. Es geht darum, inwieweit ich meinen Frieden mit diesen Aspekten gefunden habe, denn jeder von uns trägt alle Aspekte in sich. Es gibt gewisse Aspekte, die eine emotionale Ladung haben, andere triggern uns hingegen viel weniger. Einer meiner größten Schatten ist Machtlosigkeit über mich selbst oder die Situation – und genau diesen Schatten zeigen mir diese respektlosen Menschen. Darüber hinaus ist eines meiner größten Ideale Freiheit, und diese wird den Angestellten entzogen, wenn sie nach der Pfeife der Kunden tanzen müssen. Das heißt, auch in dieser Hinsicht wird etwas in mir getriggert. Und das ist gut so. Wir sind hier, um uns triggern zu lassen, und das so oft es geht. Triggern bedeutet in diesem Kontext, dass etwas, was im Außen geschieht, in uns einen negativen emotionalen Impuls auslöst, der verschiedene Emotionen wie eine Welle auslösen kann. Du hast bereits gehört, dass eine von unseren Lebensaufgaben als Seele die ist, so viele Emotionen wie nur möglich zu spüren – und genau dabei hilft uns jede Situation, jeder Mensch, wenn er uns triggert. Ein Trigger lässt uns Dinge sehen und spüren, die wir für den größten Teil unseres Alltags wegschieben und nicht sehen wollen.

Und genau das ist auch meine Aufgabe
in diesem Kapitel: dich triggern,
dir helfen, deine Trigger für deine
Schattenaspekte zu finden.

Du hast dir bereits Gedanken darüber gemacht, welche Momente oder Menschen dich aus der Bahn werfen und innerlich aufwühlen. Wir wollen uns nun auf Menschen fokussieren, die dich aufregen. Es geht hier nicht darum, was du nicht gut findest und was dich aber letztlich doch kaltlässt. Nein, es geht um Dinge, die andere tun oder sagen und die dir wirklich an die Substanz gehen. Genau da darfst du hinschauen und dir die Fragen stellen: »Warum werde ich so getriggert? Was nervt mich an dem Menschen ganz konkret? Was unterstelle ich dieser Person?« Und die wichtigsten Fragen: »Was für ein Mensch würde so handeln? In welcher Gefühlslage ist dieser Mensch wahrscheinlich? Was könnte dieser Mensch erlebt haben, das ihn dazu bewogen haben könnte, so zu handeln? Was denke ich über jemanden, der so handelt?«

All diese Fragen können einen Hinweis darauf liefern, welche Aspekte du in dir selbst verdrängt hast. Meistens ploppen Sachen auf wie Unsicherheit, Wut, Traurigkeit, Verletzlichkeit oder Angst. Wir beschäftigen uns hier vor allem mit der Frage, was in uns getriggert wird und nicht damit, was oder wer uns triggert. Das ist ein wichtiger Unterschied, denn zu oft bleiben wir an den Menschen oder Situationen kleben und beschuldigen sie. Das drängt uns in die Position des Opfers, das den »bösen Tätern« ausgesetzt ist.

Vielleicht konntest du einige von deinen Schattenaspekten entlarven, und möglicherweise sind darunter auch Dinge wie ungenügend und ungeliebt sein, Versagen, Einsamkeit, verletzt, unsicher, arrogant, böse, verschlossen oder wütend sein. Nun geht es um die Integration dieser Aspekte. Ich bin da ganz ehrlich zu dir: Das kann ein lebenslanger Weg sein. Ich arbeite noch immer an mir in Bezug auf das Thema Machtlosigkeit, aber dabei habe ich Wege für mich entdeckt, das Geschenk hinter diesem Anteil zu sehen. Dieses Geschenk offenbarte sich mir nicht auf Anhieb, sondern erst im Laufe meines Lebens und mit jedem Mal, wenn ich getriggert wurde: Machtlos zu sein, kann einem nämlich die Chance geben, loszulassen, geschehen zu lassen und das eigene Vertrauen in ein höheres Prinzip zu trainieren. Manchmal macht mich dieses Gefühl sogar demütig und holt mich von meinem Podest »Ich hab alles unter Kontrolle« wieder runter.

Nun lass uns die Geschenke hinter deinen Schattenaspekten beleuchten. Folgende Fragen und Strategien können dir dabei helfen:

* Gibt es irgendeinen Nutzen oder Vorteil für dich durch diesen Schatten? Falls du ihn finden kannst, gehst du automatisch in einen Versöhnungsprozess mit diesem Anteil.

* Falls du keinen Nutzen siehst, könnte der Nutzen vielleicht einfach nur darin bestehen, dass du dich selbst empfinden kannst, dich selbst spürst? Zum Beispiel ist genau das der Vorteil von Selbstmitleid.

* Immer wenn dich etwas oder jemand im Außen triggert, kannst du für einen Moment die Augen schließen und innerlich sagen: »Danke, dass du mich an meinen Schatten erinnerst.« Dadurch stoppst du die innere Beschuldigung und gehst in die Dankbarkeit. Du verlässt die Position des Opfers und kannst die emotionale Welle in dir bewusster kommen und wieder gehen lassen.

* Jedes Mal, wenn dir ein Schatten im Außen begegnet, führst du ein Ritual durch, indem du sagst: »Ich sehe dich, Schatten, und ich lege dich jetzt auf den Tisch.« Tu so, als würdest du alle Karten auf den Tisch legen. Das ist genau das

Gegenteil davon, was man reflexartig mit dem Schatten tun würde: ihn unterdrücken.

* Der nächste Schritt könnte sein, den Schatten zu fragen: »Was willst du mir zeigen, was willst du mir offenbaren?« Die Antwort darauf könnte zum Beispiel in meinem Fall lauten: »Ich zeige dir, wie du es schaffst, dich einer Situation hinzugeben.« Wir gehen in eine bewusste Konfrontation mit dem Schatten, und dadurch verliert er an Gewicht und Bedrohlichkeit.

Es geht nicht darum, mit allem im absoluten Frieden zu sein, sondern es geht darum, im Frieden zu sein mit der Tatsache, auch mal nicht im Frieden zu sein. Erst dann wirst du überhaupt beginnen, deine Schatten zu sehen. Wenn wir nicht im Frieden damit sind, dass wir mit gewissen Dingen nicht im Frieden sind, nähren wir eine Art von kollektivem Schatten – denn unser Widerstand gegenüber jeglicher Art von Schatten und Negativität ist auch ein Schatten. Eine sehr effektive Art und Weise, mit jedem Schatten zu arbeiten, setzt genau an diesem übergeordneten Schatten an. Nutze dafür den Satz: »Ich bin nicht mit allem auf dieser Welt im Frieden, und das ist okay. Ich bin im Frieden damit, nicht im Frieden zu sein.«

Wenn wir diesen »Überschatten« nicht integrieren, kannst du noch so viel meditieren, Yoga machen, dieses Buch lesen, es wird immer wieder zu Situationen in deinem Leben kommen, die dich aus der emotionalen Mitte werfen. Du wirst diese Momente sogar erschaffen, damit du daran wachsen kannst.

Wenn du diesen Frieden gefunden hast, heißt das nicht, dass die Ungerechtigkeiten in deinem Leben aufhören werden, es heißt einfach nur, dass sie bei dir keine emotional geladene Andockstelle finden und du viel schneller erkennen und fühlen wirst, was sie dir zu sagen haben.

Dein Ziel sollte nicht sein, mit allem immer im Frieden zu sein. Ich glaube sogar, dass es wichtig ist, eine gewisse Sensibilität gegenüber Ungerechtigkeiten beizubehalten. Denn nur so können wir auch entscheiden, wer wir nicht sein wollen. Diese Frage ist manchmal wichtiger als die Frage, wer wir sein wollen. Tief in deinem Inneren weißt du, wer du bist. Jetzt geht es darum, von all dem Abschied zu nehmen, was du nicht sein willst. Aber diese Dinge lassen dich erst dann los und hören auf, dich zu kontrollieren, wenn du akzeptierst, dass sie auch ein Teil von dir und dem Leben sein können. Wenn du an diesem Punkt bist, hast du die Wahl. Herzlich willkommen in deinem inneren Frieden.

Wer möchtest du nicht sein, und was möchtest du in dir stattdessen noch stärker leben und verkörpern, um einen starken Gegenpol in der Welt zu setzen und das Feld von Freiheit und Liebe zu nähren?

Liebeskummer
heilen lassen

Wenn das Ende einer Beziehung
das größte Heilungspotenzial in sich birgt

Manchmal ist es das Ende einer Beziehung,
das alle Beteiligten auf eine gewisse Art
und Weise erleuchtet und erhebt.

Es tat so weh! Dieser Moment, der alles, woran ich geglaubt hatte, zum Einstürzen brachte. Der Moment der schmerzvollen Offenbarung. Der Mensch, dem ich mein Herz ausgeschüttet und mein ganzes Vertrauen in die Hände gelegt hatte, entpuppte sich als jemand ganz anderes. Diesen Mann kannte ich nicht, und das, was er mir antat, passte so gar nicht in das Bild, das ich mir von ihm gemacht hatte. In meinem Kopf kamen tausend Gedanken hoch, begleitet von einem Mix aus düsteren Emotionen. In meinem inneren Ozean brodelte es – aber auf dem Grund dieses Ozeans schien es ganz ruhig zu sein.

Der Grund des Ozeans ist das Herz. Es schließt das anatomische Herz mit ein, aber ich spreche hier mehr vom energetischen Herzen. Als all diese Dinge passierten, spürte ich mein Herz nicht, es war wie zurückgezogen, als hätte es sich vor lauter Schmerz abgekapselt vom Rest meines Systems. Als wäre es im Rückzug, weil die Wellen drohten, es zu zerstören.

Es gibt einen Schutzmechanismus unseres Herzens, der in traumatischen Situationen aktiv wird, um das Herz vor einer tiefen und unheilbaren Wunde zu schützen. Genau dieser Mechanismus hatte sich damals in mir eingeschaltet, und dieses Gefühl von Leere in meinem Brustkorb hielt für einige Monate an. Bis zu diesem Tag, als ich merkte, dass sich diese Leere in ein einengendes Gefühl verwandelt hatte. Ich verstand, dass ich etwas tun musste. Die wilde Aufruhr meiner Gedanken und Gefühle hatte nachgelassen. Die Situation schien sich auf einer mentalen und emotionalen Ebene immer mehr zu lösen. Aber mein Herz schien immer noch daran zu knabbern, weniger an der Verletzung, sondern vielmehr daran, dass ich es verschlossen hatte, mit der Absicht, es zu schützen.

Was, wenn der anfängliche Schutz aus Angst irgendwann zur langfristigen Blockade wird und den Fluss der Liebe nach innen und auch nach außen unterdrückt? Ich glaube, das ist die wahre Verletzung: Sich nicht mehr für Liebe öffnen zu können, ist das Schmerzvollste, was uns Menschen passieren kann. Es gab sicher Situationen im Leben von uns allen, die so sehr wehtaten, dass wir unser Herz aus Angst verschlossen haben. Das war sicherlich eine gute Idee.

Aber irgendwann erholen wir uns von dem Trauma, bauen aber den Käfig um unser Herz herum nicht ab. Das ist es, was am längsten wehtut und uns auch daran hindert, uns vom Liebeskummer wirklich zu befreien.

Nach meinem Empfinden gibt es zwei Arten von Liebeskummer:

1. Die Liebe wurde uns verwehrt, aber die Anziehung und die Sehnsucht nach dem anderen sind immer noch präsent.
2. Die Liebe hat ein verletzendes Ende gefunden, aber wir können den Menschen nicht loslassen.

Die zweite Form von Liebeskummer hat mich lange Zeit heimgesucht. Ich konnte meinen Partner nach dieser schmerzvollen Offenbarung weder in meinen Gedanken noch in meinen Gefühlen loslassen. Es erschien aber absurd. Er hatte mich dermaßen hintergangen, warum hielt ich noch immer an ihm fest? Hier lag wieder eine meiner wichtigsten Erkenntnisse verborgen: Versuche niemals, einen Menschen gänzlich verstehen zu wollen – und das schließt dich selbst mit ein. Ich selbst verstand mich nicht, und ich erwischte mich immer wieder dabei, wie ich ihn mal beschuldigte und dann wieder vermisste, und das ständig neu, vorwärts und rückwärts. Ein Teil in mir wehrte sich gegen die Veränderung, die jetzt eintreten wollte, wenn ich ihn losließ und mich für mein neues Leben entschied. Ich hatte Angst vor der Veränderung und vor all dem, was sich dann in meinem

Leben an Neuem und Unbekanntem zeigen würde. Ich hatte Angst vor dem Kontrollverlust, und es erschien fast bequemer, in dieser emotionalen Schlaufe hängen zu bleiben. Hier wusste ich wenigstens, wie die Dinge ablaufen und was ich zu erwarten hatte: immer das gleiche Gefühlskarussell.

Es kann eine schmerzvolle Erkenntnis sein, aber ich möchte dich dennoch einladen, in dich zu gehen und dir die Frage zu stellen, ob du noch immer an einer alten schmerzbesetzten Geschichte festhältst? Diese Geschichte beeinflusst vielleicht dein gesamtes Liebesleben und vor allem deine Gefühlswelt. Es kann sein, dass du es dir antrainiert hast, dich lieber schlecht zu fühlen als gut, vor allem in Bezug auf dein Liebesleben. Manchmal wollen wir lieber recht behalten in unseren Unterstellungen der Liebe gegenüber, statt uns für etwas Neues zu öffnen. Wir wollen denken, dass wahre Liebe heutzutage nicht zu finden ist, denn dann müssen wir uns gar nicht erst bemühen, es gibt sie ja schlichtweg nicht. Oder wir wollen denken, dass man Männern nicht vertrauen kann, denn dann muss man sich auch niemandem so wirklich öffnen, die Männer haben ja sowieso kein Interesse an einer tieferen Verbindung. Oder wir wollen denken, dass wir uns von dem Liebeskummer nie erholen werden, denn dann müssen wir uns nicht die Mühe machen, uns wieder der Liebe zu öffnen und umzudenken. Unsere tiefen Überzeugungen über die Welt, uns selbst und andere nähren den Schutzwall um unser Herz herum. Sie verstärken diesen Panzer immer weiter.

Ich glaube, es ist sehr schwer einzuschätzen, wie stark unser Herz darunter leidet, dass es verschlossen ist. Unser Herz will Erfahrungen machen, es will sich frei öffnen und wieder schließen können, und das immer wieder, weil es Abenteuer liebt. Und genau deswegen passiert es vielleicht auch, dass uns Liebe verweigert wird (die erste Art von Liebeskummer) oder wir Ablehnung erfahren. Auch das ist eine Erfahrung, die das Herz machen will und erst einmal nicht problematisch. Zu einer Blockade und zu schwerem Liebeskummer wird das Ganze erst dann, wenn diese Form von Ablehnung unsere Zweifel und Ängste wie eine Lawine in Gang setzt. Wir suchen Gründe dafür, warum wir abgelehnt wurden: Sind wir nicht schön genug, nicht schlank genug, nicht genug von dem, zu viel von dem? Es geht dann gar nicht mehr so sehr darum, wer dich abgelehnt hat, sondern was die Ablehnung innerlich mit dir macht und triggert.

Im vorangegangenen Kapitel haben wir uns schon intensiv mit den Schatten beschäftigt, und genau in diese Richtung bewegt es sich auch hier. Durch den Liebesentzug wurde in dir der Schatten »Ich bin nicht gut genug« getriggert, und dieser Schatten kleidet sich in das Gewand von Liebeskummer. Es ist kein Liebeskummer, es ist vielmehr Selbstkummer. Alles, was du nicht sein willst und was du unterdrückt hast, gelangt jetzt an die Oberfläche. Etwas Besseres kann dir eigentlich nicht passieren, denn jetzt hast du die Gelegenheit, mit diesen Schatten zu arbeiten. Es wird immer Menschen geben, für die du nicht gut genug bist. Ja, und? Diese Situation gibt dir auch die Chance, zu erkennen, wie viel Macht du einzelnen Menschen über dich, dein Leben und deine Emotionen gibst. Möchtest du das auch weiterhin tun?

Der schönste und heilsamste Weg, die erste Art von Liebeskummer zu transformieren, ist, zu erkennen, dass nicht du als Person abgelehnt wurdest, sondern dass das Leben für die Gegenwart entschieden hat, dass es das Heilsamste für euch beide sein dürfte, eure Verbindung zu verhindern.

Jeffrey und ich beispielsweise haben uns zweimal im Leben getroffen. Das erste Mal war wie Liebe auf den ersten Blick, wir waren beide noch sehr jung, spürten die Anziehungskraft, hatten ein erstes Date, und danach meldete er sich nie wieder bei mir. Ich war so traurig und enttäuscht und litt für einige Wochen unter Liebeskummer. Ich ging davon aus, dass ich nicht gut genug für ihn bin. Irgendwann übernahmen mein Stolz und mein Ego die Geschichte, und ich redete mir ein, dass auch er ja eigentlich nicht gut genug für mich ist. Liebeskummer losgelassen. Was ich erst viel später erfuhr: Damals hatte Jeffrey eine Verbindung zu einer Frau, die sehr viel Macht über ihn ausübte, und das auf mehreren Ebenen. Ich wusste nichts davon, und auch für ihn war das ein eher unangenehmes Thema. Er konnte damals einfach nicht mit mir zusammen sein – und heute bin ich absolut überzeugt davon: Wir waren zu diesem Zeitpunkt beide noch nicht bereit füreinander. Ich musste einige Lektionen über die Liebe lernen, bis uns das Leben diese zweite Chance bot, die wir nutzten und die uns dann zu einer erfüllten Beziehung führte.

Es hätte alles auch anders kommen können, und auch das wäre okay gewesen. Wichtig ist, zu erkennen, dass hinter jeder Situation ein größeres Bild verborgen ist und dass wir manchmal unsere Selbstfixiertheit loslassen müssen, um den höheren Plan hinter den Dingen zu sehen. Ich weiß, dass das leichter gesagt ist als getan. Aber vielleicht möchtest du dir bei Bedarf diese Frage stellen:

»Warum fällt es mir so leicht, dem Leben
zu vertrauen und das große Ganze zu sehen?«

Vielleicht fällt es dir nicht leicht, aber diese Frage schickt dich los, Gründe zu finden, warum du es schaffen kannst, dem Leben zu vertrauen und dich voll und ganz hinzugeben.

Ich glaube, dass das größte Problem hinter einer gescheiterten Liebe der Selbstvorwurf ist. Wir werfen uns vor, dass wir gewisse Dinge hätten besser machen müssen. Wir bereuen Sachen, die wir gesagt haben, und andere, die wir zu selten gesagt haben. Die Energie von Reue und Schuld hat wahrscheinlich die zerstörerischste Wirkung auf uns. Sie hält uns in einer emotionalen Achterbahn fest. Sie führt uns von Wut und Aggression hin zu Unsicherheit und Schuld und weiter zu Frustration und Traurigkeit, aus denen dann wieder Wut erwächst. An einem gewissen Punkt musst du dir die Frage stellen, warum diese Liebe so schmerzt und was genau in dir schmerzt. Ist es vielleicht das, dass du mit diesem Menschen nicht mehr verbunden sein kannst? Ist es das, dass du alle Karten auf diesen Menschen gesetzt hast, all deine Hoffnung dorthin gelenkt hast und jetzt enttäuscht von dir selbst bist? Vielleicht willst du im Moment recht behalten und es einfach nicht wahrhaben, dass ihr beiden doch nicht so gut zusammenpasst, wie du gedacht hattest? Vielleicht lenkst du dich aber mit deinem Liebeskummer auch von etwas ganz anderem ab? Vielleicht ist er eine Form von Beschäftigungstherapie, damit du dich nicht mit dir selbst oder deinem Leben befassen musst?

Ich weiß, mit diesen Fragen lege ich meine Hand in die Wunde. Ich habe dieses Buch nicht geschrieben, um dich zu pudern und zu polstern und in eine Scheinwelt voller Licht und Liebe zu katapultieren. Ich habe es geschrieben, um dich aufzuwecken aus deinem Traum, deiner Geschichte, damit du siehst und spürst, dass das Leben voller funkelnder Sterne ist. Damit du siehst, dass es manchmal ein wenig Dunkelheit braucht, um dieses Sternenlicht sehen zu können. Du wurdest in den Sternen geschrieben, und du leuchtest am stärksten, wenn es dunkel ist. Wenn du durch einen Schmerz gehst, dann nicht, weil du niedergeworfen werden sollst. Es passiert, damit du erkennst, wie stark du sein kannst, wie sehr geliebt du dich fühlen kannst, auch im Liebeskummer.

Die dunkle Seite der Hoffnung und die helle Seite des Vertrauens

Wie du Zweifel in inneren Antrieb verwandelst

Du kannst dein eigener Leuchtturm sein.
Vergiss das nie.

Heute morgen war ich schon sehr früh im Auto unterwegs. Es war noch dunkel und neblig draußen, und während ich so fuhr, gingen die Straßenlampen aus. Es wurde mit einem Mal düster. Für das Lampensystem war der Tag angebrochen, aber die Realität sah anders aus: Es war noch dunkel und eigentlich viel zu früh dafür, die Lampen auszuknipsen. In diesem Moment durchfuhr es mich, ich bekam Gänsehaut am ganzen Körper und wusste, dass dieser Moment ein Stück weit unsere aktuelle Situation auf Erden repräsentiert: Viele von uns befinden sich aktuell in einer Schwebesituation. Das neue Licht, die neue Hoffnung, die neue Erde hat uns noch nicht erreicht, aber irgendwo hat jemand das alte Licht schon ausgeknipst, und wir tappen in der Dunkelheit umher. Das alte Licht scheint nicht mehr stark genug, aber der neue Tag ist noch nicht angebrochen. Es fehlt das Licht, auf das wir alle warten. Das ist der globale Übergangsmoment.

Die Welt schreit nach einer neuen Ordnung, und genau das passiert auch in deinem Herzen. Das Alte hat keine Bedeutung mehr für dich, aber das Neue ist noch nicht sichtbar. Dein Herz will sich ins Abenteuer, in diese Ungewissheit stürzen, aber da sind Angst und Zweifel, die dich noch zurückhalten: Was, wenn der neue Tag noch sehr lange auf sich warten lässt und diese Dunkelheit anhält?

Geht es dir im Moment so ähnlich? Hast du auch das Gefühl, dass das Universum das Licht zu früh ausgeknipst hat und du mit deinem Leben überfragt und überfordert bist? Da ist aber diese Stimme in dir, die dir Hoffnung macht und sagt: »Gib nicht auf, gib dich selbst nicht auf. Es gibt Hoffnung für uns alle.« Diese Stimme beruhigt dich, hinterlässt aber auch einen bittersüßen Nachgeschmack. Denn es gibt eine dunkle Seite der Hoffnung.

Wenn wir uns mit Meditation und Spiritualität beschäftigen, laufen wir immer auch ein wenig Gefahr, die Welt und das Leben in eine rosarote Wolke zu hüllen. Wir geraten leicht auf einen Verdrängungskurs und wollen uns nur noch auf das fokussieren, was schön und gut ist. Das passiert leider immer wieder und ist einer der Aspekte, die mich nachdenklich stimmen. In vielen spirituellen Büchern und Seminaren wird unter anderem die Energie von Hoffnung »verkauft«, und vielleicht denkst du dir jetzt: »Daran ist ja nichts Schlechtes, oder?«

Egal ob es Motivationssprüche sind oder irgendwelche spirituellen Weisheiten oder Botschaften, sie alle geben uns die Hoffnung darauf, dass unsere Welt nicht verloren ist, dass wir etwas verändern können und nicht aufgeben dürfen. Auch das klingt erst einmal wunderbar.

Was aber, wenn diese kurzfristigen Shots eine Sucht in uns wachrufen und wir ohne diese Inputs nicht mehr leben können? Wir lesen auf Instagram oder woanders einen schlauen Spruch und haben dann das Gefühl, gerade an uns selbst gearbeitet zu haben und ein Stück auf unserem Weg weitergekommen zu sein. Wir gehen in die Buchhandlung und kaufen uns einen Ratgeber – und sogar, wenn wir ihn kein einziges Mal aufschlagen, steigt in uns die Hoffnung auf, dass sich die Dinge verändern werden. Sorry, aber du kannst dir den ganzen Tag diese »Shots« verpassen: Wenn dein Leben nicht deine Seele und dein Herz reflektiert und wer du in Wahrheit bist, entwickelst du dich keinen Zentimeter weiter.

Die Energie von Hoffnung kann uns blockieren, wenn wir es verpassen, sie in Antrieb zu verwandeln und direkt in die Umsetzung im Leben zu katapultieren. Hoffen, Bangen, Beten werden uns niemals so weit bringen, wie Mut, Kraft, Durchsetzung und Aktion es können.

Mich suchen viele Menschen auf, die schon sehr viele Jahre an sich arbeiten und meist auch selbst

Therapeuten oder Heilpraktiker sind. Sie klagen darüber, dass sich in ihrem Leben nichts verändert und sie auf der Stelle traben. Sie arbeiten so viel an sich, aber nichts tut sich. Mich hat immer interessiert, was sie denn genau meinen, wenn sie sagen, sie arbeiten an sich. Es genügt nämlich nicht, ab und zu mal ein paar schlaue Bücher zu lesen, ab und an mal zu meditieren oder einen Kurs zu besuchen. Ich glaube, für wahre Transformation braucht es viel viel mehr als das, und vor allem diese drei Etappen müssen durchlaufen werden:

1. Du brauchst den Mut, den Blick auf deine dunkelsten und schmerzvollsten Stellen zu richten. Das ist der Schritt des friedvollen Kriegers. Diesen Mut entwickelst du, indem du dich mit deinen Wunden beschäftigst, dir selbst und anderen so schnell es geht vergibst und die Dinge, die in deinem Leben passieren oder passiert sind, aus einer überpersönlichen Perspektive heraus betrachtest. Denn dann erkennst du, dass deine Wunden vielleicht einen Sinn erfüllt haben, einen Sinn für dich oder für andere, und dass du durch diese Erfahrung gereift bist und an Tiefe gewonnen hast. Du wurdest aufgrund dieser Erfahrungen zu dem Menschen, der du heute bist, und jede Wunde hatte ihre Berechtigung. Wenn du dies erkennst, hörst du auf, dem Leben Widerstand zu leisten, und das ist ein Teil deiner persönlichen Befreiung und so ein wichtiger Schritt in deiner Entwicklung.

2. Du brauchst Disziplin und Kraft, um jeden Tag an dir zu arbeiten, dich selbst immer wieder zu bezweifeln und zu hinterfragen und Veränderung permanent in dein Leben zu lassen. Das ist der Schritt, dich immer wieder neu zu erfinden. So oft verfallen wir in Routinen, die nichts mehr mit unserem Weg zu tun haben, und vergessen unseren inneren Drang danach, uns selbst immer wieder neu zu entdecken, neue Seiten an uns zu sehen. Stell dir vor, du bist ewig verliebt, und das in dich selbst. Wenn man verliebt ist, will man alles über den anderen erforschen und einsaugen. Frage dich immer wieder: »Wie kann ich heute noch mehr in mich verliebt sein als gestern und noch mehr über mich selbst herausfinden wollen?« Hier geht es nicht um Egoismus oder Selbstzentriertheit, sondern darum, dass du die Beziehung zu dir selbst an erste Stelle setzt. Denn das ist die wichtigste Beziehung in deinem Leben. Ich spreche hier davon, dir selbst immer wieder ohne Urteile begegnen zu wollen. Das ist ein essenziell wichtiger Schritt bei der Arbeit an dir selbst.

3. Du brauchst das Vertrauen in dich und das Leben, das dich dazu zwingen soll und darf, dein persönliches seelisches Konzentrat zu erobern und zu leben. Das ist der Schritt der Destillation. Du bist als Unikat geboren, es könnte jedoch passieren, dass du nicht als ein Unikat stirbst, weil du es verpasst hast, aus den Konditionierungen der Gesellschaft auszubrechen und dein

eigenes Konzentrat zu leben. Nutze jede Gelegenheit in deinem Leben, um Dinge auszusortieren, die nicht mit dir in Resonanz gehen. Lass alten Ballast an Dingen, die du glaubst und denkst, immer wieder los und hinterfrage deine Überzeugungen und Regeln. Du wirst immer mehr sehen, wer du bist und was für einzigartige Geschenke du mit der Welt teilen kannst.

Transformation und wahre Veränderung stellen sich erst dann ein, wenn alle drei Ebenen in deinem Leben spürbar werden. Denn dann verstärken sie sich gegenseitig, und du hast Freude daran, dich zu entwickeln.

Die gute Nachricht ist nun: Um all das in deine Entwicklung zu integrieren, benötigst du erst einmal keinen Kurs und keinen Lehrer. Die schlechte Nachricht: Niemand kann dir die Arbeit auf diesen drei Ebenen abnehmen. Niemand kann den Weg für dich gehen. Das Einzige, was andere (auch Lehrer und ihre Kurse) für dich tun können, ist, dir den Weg zu zeigen oder dir entsprechende Tools an die Hand zu geben. Aber diesen Weg beschreiten musst du selbst. Das ist zugleich das Geschenk deines Daseins. Das ist deine persönliche Heldenreise in deine Kraft hinein.

Hoffnung kann trügerisch sein. Sie allein reicht nicht. Dennoch: Ohne sie wären wir nicht dort, wo wir heute sind. Ich möchte dich einladen, dir folgende Frage zu stellen: Ist es dir wichtiger, zu hoffen oder einen nächsten bewussten Schritt zu wählen?

Willst du lieber hoffen oder in die Gänge kommen? Bist du vielleicht süchtig nach Hoffnung, weil du Angst vor dem nächsten Schritt hast? Die dunkle Seite der Hoffnung zu entlarven kann allein schon alles verändern. Dann kannst du hoffen *und* den nächsten Schritt gehen.

Zu lange haben wir auf Gurus, Erlöser
und Lehrer gehofft und unsere Karten
auf sie gesetzt. Jetzt bist du dran, und du
setzt alle deine Karten auf eine einzige Position:
deinen Weg, dein Leben, dein Herz.
Du kannst diesen Weg nur mit ganzem Herzen
gehen oder gar nicht. Jetzt oder nie.

Was deine wahre Angst ist, und was du von ihr lernen kannst

Angst in ein inneres Feuer verwandeln, in Kraft für deine Lebensaufgabe

Nein. Du hast keine Angst davor zu fallen,
deine Angst ist die vor dem Fliegen.
Denn dort oben in diesen höheren Gefilden
befürchtest du, allein zu sein.

Nein. Du hast keine Angst davor, Fehler
zu machen, deine Angst ist die vor deinem Erfolg.
Denn er wird von dir verlangen,
der Mensch zu werden, den du bewunderst
und liebst.

Nein. Du hast keine Angst davor,
abgelehnt zu werden, deine Angst ist die vor
Bewunderung. Denn tief in deinem Inneren
weißt du: Menschen stellen dich auf ein Podest,
um es dann zu stürzen.

Nein. Du hast keine Angst davor, ungenügend
zu sein, deine Angst ist die vor deiner Universali-
tät. Denn du weißt, dass nichts
und niemand dich jemals eingrenzen könnte.
Diese Energie, die nicht zu bändigen ist, bist du,
und genau davor hast du Angst.

Nein. Du hast keine Angst vor der Liebe.
Du fürchtest den Zustand der Nicht-Liebe
und flüchtest in Welten der Betäubung
und Illusion, willst deinen Traum beschützen.
Dabei träumst du schon längst nicht mehr.
Wach auf, öffne die Augen.
Die Zeit des Schlafens ist vorbei.

Meine größte Angst war sehr lange Zeit die, gesehen zu werden und irgendwie negativ oder auch positiv aufzufallen. Das begann schon im Kindergarten, wo ich mich einfach nicht wohlfühlte und mir immer wie ein Eindringling vorkam. Ich konnte damals noch nicht richtig Deutsch sprechen und verstand nicht alles. Ich spürte einfach, ich gehöre nicht dazu, und es gab Momente, in denen man mich das auch hat spüren lassen. Ich fühlte mich oft ausgeschlossen und allein, und es gab jeden Morgen einen Heulkrampf, wenn meine Mama mich im Kindergarten absetzte. In der Schule wurde es besser, aber diese Angst, gesehen zu werden, begleitete mich weiterhin. Ich glaube, ich war das schüchternste und zurückhaltendste Kind, das man sich vorstellen kann.

Ich hatte ein paar wenige Freunde, aber zur Clique der tollen Mädchen gehörte ich nicht.

Damals installierte sich wahrscheinlich auch eine meiner Kernüberzeugungen: »Ich bin zu anders, als dass ich geliebt werden oder dazugehören könnte.« Mein Kopf suchte permanent nach Gründen und Bestätigungen im Außen, warum das tatsächlich stimmen musste: Ich empfand mich als zu dunkel, meine Augenbrauen waren zu dick, ich sprach kein einwandfreies Deutsch, ich hatte kein Fahrrad, die Mädchen in meiner Klasse wollten nichts mit mir zu tun haben, die Lehrer ignorierten mich und so weiter. Zu Hause erfuhr ich von meiner Familie unendlich viel Liebe, aber draußen sah die Welt ganz anders aus.

Begleitet wurde dieses Gefühl von einer tiefen Sehnsucht nach zu Hause – und damit meine ich nicht mein eigentliches Zuhause, wo meine Schwestern, die Oma und die Eltern waren, sondern ein Ort, den ich nicht bewusst kannte, von dem ich aber wusste, dass ich zu ihm gehöre. Das klingt in deinen Ohren vielleicht komisch, vielleicht aber auch sehr vertraut. Diese Mischung aus Angst und Sehnsucht war eine ziemlich schwierige und löste immer wieder einen schweren Gefühlsmix in mir aus: Unsicherheit, Zweifel, Wut, Melancholie, Schüchternheit und Scham.

Du weißt, wer ich bin und was ich heute tue. Ja, für den größten Teil meiner Arbeit stehe ich vor Menschen und zeige mich. Ich habe Wege gefunden, mit der größten Angst im Gepäck meine persönliche Lebensaufgabe zu verwirklichen. Ohne meine große

Angst wäre ich nicht einmal auf die Idee gekommen, das zu tun, was ich heute tue.

Unsere größte Angst kommt bereits in unserer Kindheit zum Vorschein, und unser Leben verstärkt sie in den meisten Fällen und dehnt sie sogar auf weitere Ängste aus. Viele Menschen sind ihr Leben lang auf der Suche nach Wegen aus der Angst und weg von der Angst. Ich möchte mit dir auf die Angst zurennen, ich möchte sogar deine Angst provozieren und sie mehr zum Vorschein bringen. Denn unabhängig von Mensch und Situation ist unsere größte Angst die vor der Angst. Die wahre Natur der Angst ist nicht einengend oder einschüchternd, sondern öffnend und erweiternd. Die Angst vor der Angst, also unser Widerstand gegenüber der Angst, kann hingegen sehr einengend sein. Er ist es, der uns die Energie abschnürt.

An dieser Stelle möchte ich etwas deutlich machen: Es gibt Angst und es gibt Angst. Die eine resultiert aus einer logischen Schlussfolgerung, dass uns etwas wehtun oder für uns gefährlich werden könnte. Das ist eine logische Angst. Mit diesen Ängsten haben wir im Alltag aber eher selten zu tun. Vielmehr beschäftigen uns unlogische Ängste, was nicht heißt, dass sie für uns nicht logisch sind. Aber meist basieren sie auf Befürchtungen, die nie eintreffen. Sie werden genährt von Geschichten aus der Vergangenheit oder Vorstellungen von der Zukunft und blockieren uns in unserem nächsten Schritt. Genau um solche Ängste geht es hier.

Wie wäre es, wenn wir statt Angst »Potenzial-Trigger« sagen? Denn wenn wir den Widerstand gegenüber unserer Angst verlieren, werden uns die Dinge, vor denen wir Angst haben, aufzeigen, was wir zu geben haben und wo unser größtes Potenzial schlummert. Doch bevor wir dieses Potenzial entfalten können, müssen wir unsere Verwundbarkeit akzeptieren.

Das ist die erste Ebene, auf der wir Angst in Antrieb verwandeln: Verwundbarkeit ist deine Fähigkeit, dir selbst einzugestehen, dass du Fehler gemacht hast und machst, dass du an dir und dem Leben zweifelst, dass du nicht perfekt bist und dass du nicht alles in deinem Leben kontrollieren und steuern kannst. Verwundbarkeit ist die Sprache deines Herzens, denn dein Herz will offen und verwundbar sein. Es wartet nur darauf, so viele verschiedene Erfahrungen wie nur möglich machen zu können. Es will sich in das Abenteuer Leben hineinstürzen und alles in sich aufsaugen. Der Kopf ist da meist anderer Meinung. Doch wenn wir unsere Verwundbarkeit akzeptieren, beginnt ein innerer Vergebungsprozess dir selbst gegenüber, und die Liebe aus deinem Herzen fließt nach innen zu dir. Du akzeptierst auch deine nicht so schönen Seiten und Empfindungen, deine Ängste und vor allem auch deine Angst vor der Angst.

Verwundbarkeit ist definitiv Trainingssache und eine Challenge fürs ganze Leben. Denk bitte nicht, dass Verwundbarkeit Schwäche ist oder gleichzusetzen mit Verletzbarkeit. Verwundbar zu sein bedeutet, dem Leben keine einengenden Regeln aufzuerlegen und so stark im Vertrauen zu dir selbst und dem Leben zu sein, dass du dem Fluss der Liebe keine Stoppschilder aufstellst. Das heißt nicht, dass alles in deinem Leben perfekt laufen und voller Liebe sein wird.

Doch erforsche die nicht perfekten Teile an dir, schließe Frieden mit ihnen und sieh es als Teil des Menschseins, diese Aspekte in dir zu haben. Frage dich, welche Geschenke sich hinter diesen nicht perfekten Aspekten verbergen, und lass sie dadurch immer mehr in dein Leben hinein.

Es gibt einen Teil, der einen großen Vorteil aus der Angst zieht. Dies zu erkennen, kann ein weiterer wichtiger Schritt sein, um die Angst in Antrieb zu verwandeln. Angst macht verschiedene Dinge mit uns, aber vor allem Folgendes: Sie hält uns in einer Komfortzone oder in einer alten Realität fest, aus der wir eigentlich ausbrechen wollen. Aber es gibt noch zu viele Teile in uns, die Gefallen an der alten Realität und der Komfortzone finden. Das läuft meist unbewusst ab, was von uns erfordert, tiefer in uns zu blicken und die verborgenen Mechanismen an die Oberfläche kommen zu lassen. Es kann sehr wohl so sein, dass zum Beispiel die Angst vor Ablehnung für dich unangenehm ist und du dir selbst einredest: »Wenn ich diese Angst nicht hätte, würde ich mich zeigen.« Aber unbewusst bist du der Angst dankbar, denn sie hält dich zurück und schützt dich vor dem nächsten Schritt. Das ist ein natürlicher Drang deines Gehirns, dich vor möglichen Gefahren zu schützen, die in allem Neuen liegen könnten. Wenn du beispielsweise diese Angst vor Ablehnung plötzlich nicht mehr hättest, dann hättest du auch keinen Grund mehr, blockiert zu sein, und deine Ausreden wären verschwunden. An dieser Stelle musst du dir die Frage stellen, ob du dich wirklich verändern willst, aufblühen willst, einen neuen Weg gehen willst. Wenn dieser Wunsch nicht groß genug ist, nicht genug Feuer hat, dann wirst du immer weiter Gründe für Ängste finden.

Das passiert alles unbewusst. Also frage dich jetzt: Kannst du in diesem Moment genügend Gründe für dich selbst finden, dich zu verändern und deinen Fokus auf dein persönliches Aufblühen zu richten? Welchen Preis möchtest du dafür zahlen und welchen nicht? Wenn dir deine Komfortzone noch zu wichtig ist, werden deine Ängste immer stärker sein als deine innersten Herzenswünsche, und dann wird alles beim Alten bleiben. Manchmal fällt es uns einfach leichter, die Schuld auf die Angst zu schieben und sie als Blockade darzustellen. Dabei ist Angst viel eher gut als schlecht.

Angst wird in der spirituellen Szene immer wieder verurteilt und als ein Grund gesehen, dass die Welt so ist, wie sie ist. Viele sehen in der Angst das Gegenteil von Liebe. Wie du weißt, nutzen beispielsweise die Medien Angst, um uns in der Angst zu halten. Wenn du deine eigene Angstenergie nicht bewusst nutzt und in dein Leben hineinlässt, wenn du nicht weißt, wie du mit ihr arbeitest, wird diese Energie von anderen benutzt werden, um deine

Emotionen zu kontrollieren und letzten Endes auch dein Leben.

Angst, die du nicht nutzt und sogar unterdrückst, ist wie freie Energie, die in deinem System zirkuliert und dir eigentlich etwas sagen möchte. Angst ist nicht unser Feind, sondern unser wichtigster Verbündeter, wenn wir unser Herz leben und uns selbst verwirklichen wollen.

Der Weg deines Herzens
geht mitten durch die Angst hindurch.

Wenn wir in Angst aber etwas sehen, das aufgelöst werden muss, und etwas, das wir vermeiden wollen, werden wir auch nie die Geschenke der Angst entdecken. Denn davon gibt es sehr viele, und ihre Entdeckung ist ein wesentlicher Schritt in deinem Leben.

Ich habe heute immer noch Angst, wenn ich vor Menschen trete, aber sie hat eine neue Bedeutung in meinem Leben gefunden: Sie zeigt mir, wie wichtig mir meine Aufgabe ist und wie ernst ich diese Arbeit nehme. Also spüre ich die Angst, ich nehme sie in Besitz, ich atme sie ein und mache dann das, was ich von Herzen gern machen und teilen möchte. Wenn ich das tue, engt mich die Angst in keiner Weise ein, sondern verwandelt sich innerhalb von Sekunden in Energie, die meinem Körper zur Verfügung steht.

Oft verfallen wir der Idee, dass Angst reine Kopfsache ist und nur unseren Gedanken entspringt. Ich sehe das ganz anders, und vielleicht hilft dir diese neue Perspektive, Angst noch mehr in deinen Antrieb zu verwandeln: Angst ist eine körperbasierte Information, die nicht einfach nur als gedankliche Sache deklariert werden darf. Wenn uns die Angst beherrscht, findet das erst einmal auf emotional-energetischer Ebene statt. Eine Angst zu verstehen heißt nicht, dass du sie automatisch loslassen kannst. Das Verstehen macht für mich nur 20 Prozent aus, der Rest befindet sich auf körperlicher, emotionaler und energetischer Ebene. Wenn wir davon ausgehen, dass Angst nur eine Kopfsache ist, halten wir diese Angst in unserem Kopf gefangen und hindern uns selbst daran, diese Energie in Kraft zu transformieren und für uns zu nutzen. Ich denke, dass es extrem wichtig ist, die Angst von intellektuellen Fesseln zu befreien und dadurch die Kontrolle über unseren instinktiven Teil zurückzuerobern, der exakt weiß, wie er mit Angst umzugehen hat. Wir werden nicht als angstfreie Wesen geboren, unsere Aufgabe ist es auch nicht, angstfrei zu werden, sondern uns nicht mehr von der Angst kontrollieren und einschränken zu lassen. Hinter Angst verbirgt sich die immense Kraft von Mut, Durchsetzungsvermögen und Kraft und darüber hinaus ein Potenzial, das noch von uns Menschen erobert werden will.

Lass es mich noch einmal auf den Punkt bringen: Die wahre Natur der Angst ist nicht einengend, sie ist öffnend. Was uns aber ganz sicher einengen kann und auch wird, das ist unsere Angst vor der Angst, unser Widerstand gegenüber der Angst. Denn Angst an sich will uns auf etwas hinweisen. Manchmal ist sie ein Hinweis auf unsere Lebensaufgabe, manchmal ein Hinweis dafür, wo wir noch lernen dürfen, und manchmal liefert sie einfach Energie, die uns aus einer gewohnten Routine rausholen soll. Angst will uns nicht schließen, sondern vielmehr für die Potenziale in uns öffnen, vor denen wir Respekt haben und die wir uns nie zutrauen würden. Angst ist eine Einladung, deine wahre Größe zu leben und von allem, was dich klein macht, Abschied zu nehmen. Wenn du die konstruktive Energie hinter der Angst bewusst nutzt, ist sie ein Türöffner für deine Talente und Geschenke an die Welt.

Also frage dich, wovor du am meisten Angst hast und was du immer wieder im Leben zu vermeiden versuchst. Vielleicht ist es, vor Menschen zu sprechen oder deine Fähigkeiten mit der Welt zu teilen. Du hast so sehr Angst davor, weil du weißt, dass du darin richtig gut sein könntest, wenn du dich nur traust, aus deiner Angst herauszutreten und es trotzdem zu tun. Ich glaube, dass ein Teil in dir die Angst auch »vorschiebt«, um dich vor einem möglichen Scheitern zu schützen. Aber was dürfte für dich schmerzvoller sein? Zu wissen, es nie ausprobiert zu haben und es vielleicht ein Leben lang zu bereuen? Oder es einfach mal zu probieren, vielleicht auch zu scheitern, aber aus den Fehlern zu lernen und immer besser zu werden?

Ich bin der festen Überzeugung, dass Angst reine Trainingssache ist. Der Umgang mit der Energie von

Angst will trainiert werden, und wir werden bis zum Ende unseres Lebens in dieser Hinsicht nie ausgelernt haben. Das Leben wird uns immer wieder Situationen bereitstellen, in denen wir Angst trainieren müssen. Gewisse Ängste, die du in dir trägst, haben vielleicht schon längst keine aktiven Ursachen mehr. Aber du hast dich daran gewöhnt, dich von ihr lähmen zu lassen. Wenn es möglich ist, immer besser darin zu werden, sich von Angst blockieren zu lassen, muss es auch möglich sein, sich darauf zu trainieren, Angst effektiv zu nutzen. Wenn Angst die Bedeutung von »Angst« verliert und zu einem positiven Aspekt im Leben wird, dann ist es keine typische Angst mehr. Es ist eher eine Kraft, eine Empfindung. Was wir damit machen, ist nun unsere freie Entscheidung, und diese Entscheidung über die Angst immer wieder neu zu treffen, das ist das Training.

Nutze jede Gelegenheit, um dein Angsttraining zu absolvieren. Folgende Ansätze können dir dabei im Alltag helfen:

1. Frage dich, ob die Angst, die du spürst, auf alten Geschichten oder Erinnerungen beruht, die du eigentlich für dich abgeschlossen hattest. Falls ja, schreib deine Geschichte für die Zukunft neu und frage dich, wie du leben würdest, wenn diese Angst in deinem Leben keine blockierende Macht mehr hätte.

2. Tue jeden Tag etwas, das dich deiner Angst in die Augen blicken lässt. Mach deiner Angst klar,

dass nicht mehr sie dich beherrschen kann, sondern du dich nun bewusst mit ihr konfrontierst.

3. Jedes Mal, wenn du die einengende Kraft der
   Angst in dir spürst, beweg dich, mach etwas,
   was dich schneller atmen lässt, was dein Herz
   schneller schlagen lässt, und löse dich damit aus
   der Angststarre. Bewegung ist ein perfektes
   Tool, um die gestaute Energie wieder fließen zu
   lassen.

Lauf auf deine Angst zu. Egal wie lange sie dich ge-
lähmt und eingeengt hat, du hast alles in dir, um sie
in Besitz zu nehmen und gemeinsam mit ihr deinen
Weg zu gehen. Unaufhaltsam, erschreckend intensiv
und authentisch.

Was Spiritualität nicht ist, und wie du deine eigene Spiritualität entdeckst

Mach aus deinem Leben ein Meisterwerk – statt die Mysterien der Welt zu entschlüsseln

*»Spirituell wachsen« bedeutet auch,
all den Schwachsinn loszulassen,
den du von Menschen beigebracht
bekommen hast, die es nicht besser wussten.*

Ich glaube, wir Menschen lieben es, Dinge bewusst komplizierter zu machen, als sie sind, und sie in unserem Kopf unnötig komplex zu gestalten. Denn dann haben wir ein Erfolgserlebnis, sobald wir das Durcheinander wieder geordnet haben. Genau das Gleiche passiert meiner Meinung nach auch mit Spiritualität und Persönlichkeitsentwicklung. Wir haben ein gutes Gefühl, wenn wir nicht alles auf Anhieb verstehen und intellektuell noch daran zu knabbern haben. Ich glaube aber auch, dass echte und authentische Spiritualität das komplette Gegenteil von uns einfordert: das Verstehen-Wollen loslassen und sich für das Mysterium des Lebens und des eigenen Wesens voll und ganz öffnen. Das ist aber viel schwieriger, als es erst mal scheint.

Einer meiner Lehrer im Bereich Speaking gab mir die Empfehlung, vor allem im deutschsprachigen Raum die Dinge möglichst kompliziert zu verpacken und zu vermitteln. In diesen Regionen seien die Menschen nämlich sehr stark darauf trainiert worden, ihr bewusstes Denken und ihren Intellekt einzusetzen, und genau das verschafft ihnen ein positives Erlebnis und gibt ihnen das Gefühl, dass sie alles unter Kontrolle haben, solange sie es verstehen können. In Wahrheit können wir Spiritualität aber nicht verstehen, sondern einzig und allein fühlen und leben – und das sieht für jeden von uns komplett anders aus.

Dir wohnt ein ganz individueller Spirit inne, und damit meine ich nicht die Geistige Welt oder Konzepte wie das Höhere Selbst oder die Seele. Für mich ist dein Spirit die Summe aus verschiedenen Aspekten, die du verkörperst und lebst. Dazu zählen deine Erfahrungen, die du bereits als Mensch gemacht hast, deine Potenziale und einzigartigen Talente, die du als Mensch auf die Erde gebracht hast und im Laufe deines Lebens weiterentwickelst, und die Weisheit deines Herzens. Diese drei Aspekte machen deinen ganz persönlichen Spirit aus. Wie stark du diese Aspekte in deinem Leben »performst« und wie sehr du deinen Spirit mit der Welt teilst, ist genau das, was deine Spiritualität ausmacht. Ich sage hier ganz bewusst »performst«, weil ich daran glaube, dass jeder von uns eine Künstlerin, ein Künstler ist, der auf seiner eigenen Bühne steht. Es gibt exakt eine Person auf dieser Bühne, und das bist du. Deine Aufgabe ist es, dich selbst immer wieder herauszufordern, aus den gewohnten Zonen deines Lebens und Verhaltens auszusteigen und dich selbst immer neu zu übertreffen. Das ist der Prozess deiner Entfaltung und der Entdeckung deines Spirits.

Ich glaube, das Tragischste, was uns Menschen passieren kann, ist, dass wir gegen Ende unseres Lebens feststellen, dass wir nicht unser Leben gelebt haben, sondern eins, das in den Augen unserer Mitmenschen erwünscht und erwartet war. Solch ein Leben zu führen, ist das Gegenteil davon, den eigenen Spirit zu leben. Es gibt so viele Menschen, die sich in so einer Situation befinden, und auch ich war schon öfters haarscharf davor, mein Leben und meinen Spirit für die Erwartungen anderer aufzuopfern. Fast hätte ich mein Leben mit dem falschen Partner verbracht, fast hätte ich meine ganze Energie in eine Arbeit investiert, die mich nicht erfüllt hat, und fast wäre ich an einem Ort geblieben, der mir nicht guttat – und all das, weil ich dachte, dass mein Umfeld das von mir einfordert und ich damit sicherstellen kann, dass sie mich weiterhin lieben und akzeptieren. Dabei war meine Sehnsucht nach ihrer Anerkennung einfach nur ein Lückenfüller für das zermürbende Gefühl in mir, nicht gut genug zu sein, so wie ich bin. Und damit sind wir wieder beim Thema

Spirit. Denn das, was dich so einzigartig und »gut genug« macht, ist dein Spirit.

Was denkst du, ist der Grund dafür, dass so wenige Menschen ihren eigenen Spirit leben? Ist es Bequemlichkeit? Ist es Gewohnheit? Ist es die Angst davor, abgelehnt zu werden, wenn man so anders und einzigartig ist? Ich glaube, auf diese Frage gibt es viele Antworten, aber einer der Kernaspekte scheint mir folgender zu sein: Es lebt sich einfacher, wenn man in der Masse untergeht und angepasst ist.

Was macht diese Aussage mit dir? Lass mich raten. Sie triggert dich – und wenn es so ist, freut mich das. Denn das würde bedeuten, dass du die Botschaft dieses Buches in dein Herz gelassen hast und darüber hinaus in deinem Leben bereits Wege entwickelt hast, dein eigenes Ding zu machen, was auch immer das für dich bedeutet. Aber dennoch kann es Teile in dir geben, die immer nur bis zu einem gewissen Grad zur eigenen Andersartigkeit und zum eigenen Spirit stehen und dann nicht weitergehen. Für diese Teile müssen wir uns nicht verurteilen, sie sind schlichtweg menschlich. Aber dennoch ist es wichtig, auf die Angst dahinter zuzulaufen und sich die Frage zu stellen, was wir »ent-glauben«, »ent-lernen« und aus dem Bewusstsein entfernen müssen, um den eigenen Weg mit ganzem Herzen gehen zu können.

Vieles, was du über dich selbst und die Welt um dich herum denkst, denkst du nicht freiwillig. Du bist auf diese Dinge programmiert worden. Die Gesellschaft, dein Elternhaus, deine Freunde, die Schule – sie haben dir all das beigebracht, und als Kinder waren wir alle die Meisterinnen und Meister der Nachahmung. Was wir bei anderen gesehen haben, war für uns das Maß der Dinge. Wie aber sieht es heute aus? Du bist eine erwachsene Frau, ein erwachsener Mann und kannst frei für dich entscheiden, was du denken und glauben möchtest.

Aber können wir das noch, wenn wir diese Fähigkeit so lange nicht mehr eingesetzt haben? Ja, ich glaube, wir können es und verlernen es nie, es braucht einfach nur, je älter wir werden, etwas mehr Mut, diesen neuen, unseren eigenen Weg zu gehen. Denn vielleicht müssen wir uns dann selbst auch eingestehen, dass wir nach den falschen Regeln gelebt haben, und dieser Wahrheit wollen die wenigsten ins Auge blicken. Sie wollen lieber recht behalten. Und weißt du was? Du kannst recht behalten und dich dennoch von alten Mustern in deinem Denken und Fühlen verabschieden, wenn du deine Einstellung zum Leben etwas anpasst: Egal, wofür du dich in deiner Vergangenheit entschieden hast, du hast immer die richtige Entscheidung getroffen. Zu dem Zeitpunkt bist du davon ausgegangen, dass es das Beste für dich ist. Das heißt, du hast für dein Wohl gehandelt, und darauf kannst du stolz sein. Darüber hinaus glaube ich nicht daran, dass wir fehlerfrei durch unser Leben navigieren können. Und dass jede noch so falsche Entscheidung irgendwo in unserem Leben auch eine positive Welle auslösen kann und wird.

Der erste Schritt, um deinen Spirit voll und ganz zurückzuerobern und zu leben, ist, dir selbst die

Freiheit einzuräumen, dich neu zu erfinden und zu definieren. Dabei musst du dir möglicherweise eingestehen, dass deine Vergangenheit extrem stark vom Außen kontrolliert wurde. Sich das bewusst zu machen, kann so ein heilvoller Prozess sein! Und um den jetzt einzuleiten, kannst du folgenden Satz laut aussprechen oder ihn dir auf ein Blatt Papier oder in ein Notizbuch notieren:

>>*Ich räume mir selbst die Freiheit ein,
mich neu zu erfinden und die Vergangenheit
in Dankbarkeit und Liebe loszulassen.
Ich entscheide heute bewusst,
was ich leben möchte und was nicht.*<<

Wenn du diese Intention für dich setzt und sie dir vielleicht für ein paar Tage hintereinander immer wieder bewusst machst, wird dir im Alltag auffallen, wo überall du Denkmuster übernommen hast, die deine Sicht auf die Welt prägen: wie du auf deine Mitmenschen oder gewisse Gruppierungen reagierst, was deine impulsiven Gedanken sind, wenn Dinge mal nicht so rund laufen, was du als Erstes über dich denkst, wenn im Außen Trigger aufkommen, was du tust und denkst, wenn du dich unsicher fühlst und so weiter. Das sind alles gelernte Muster, die deinen persönlichen Spirit überschatten können. Sie zu sehen, ist ein sehr wichtiger Schritt für deine Neuerfindungs-Phase. Für die meisten Menschen sind diese Muster nämlich komplett im Dunkel, und sie verwechseln sie mit dem, was sie in ihrer Essenz sind.

Der zweite Schritt ist, sich darauf zu trainieren, etwas anderes zu leben und das eigene Verhalten bewusst zu verändern. Das bedeutet zum Beispiel: Bislang hast du bei einem Gefühl von Unsicherheit und Ungenügend-Sein die Fehler schnell bei deinem Gegenüber gesucht und dir in Gedanken Gründe für deine eigene Überlegenheit zusammengestellt. Und genau das könntest du nun ganz anders machen. Du könntest in deinem Gegenüber nach Gründen dafür Ausschau halten, warum es ein wundervolles und einzigartiges Wesen ist, unvergleichbar mit dir und deinem Wesen. Wenn du das schaffst, hast du das destruktive Muster erfolgreich durchbrochen und bist auf dem Kurs des Entlernens. Der alte Kurs würde dich nämlich weiterhin in deiner Unsicherheit festhalten, und darüber hinaus projizierst du dabei all deine Unzulänglichkeiten auf dein Gegenüber und verstärkst so den Schatten in dir selbst. Dieser Schatten wird dich dann immer wieder zwingen, dich mit anderen zu vergleichen – und das Spiel beginnt von vorn.

Neben gedanklich-emotionalen Mustern gibt es auch ganz konkrete gewohnheitsmäßige Muster, die du durchbrechen darfst, wenn du deinem Spirit mehr Raum in deinem Leben geben möchtest. Vielleicht hast du zum Beispiel die lästige Angewohnheit, dich zu überessen oder das Falsche und Ungesunde zu essen, wenn es dir schlecht geht und du eine innere Leere spürst. Irgendwann in deinem Leben hast du zu glauben begonnen, dass Essen deine innere Leere füllen kann, und das tut sie vielleicht sogar, aber nur sehr kurzfristig. Das heißt, es ist jetzt an der Zeit, das zu entglauben. Du hast das Überessen vielleicht schon sehr oft in deinem Leben getan und dabei einen Weg trainiert und gelernt, mit Situationen der Leere irgendwie klarzukommen. Dieser Weg darf jetzt ein neuer werden. Frage dich, was du alternativ tun könntest, um diesen Zustand der inneren Leere zu heilen und zu transformieren. Vielleicht kommen dir ganz spontane Ideen: spazieren gehen in der Natur, meditieren oder etwas ganz anderes, was dir helfen kann, diesen Zustand zu verändern. Wenn du es gefunden hast, dann tu es fortan, sobald die Leere da ist.

Der einzige Haken an der ganzen Sache ist, dass wir mit einem Mal entlernen nicht den gesamten Trainingseffekt von Jahren oder sogar Jahrzehnten revidieren können. Das heißt, du darfst und musst immer wieder erneut entlernen – und manchmal wird es dir leichtfallen und manchmal sehr sehr schwer.

Das Tolle an deinem Spirit ist, dass du ihm nicht beibringen musst, sich zu entfalten. Dein Spirit hat einen angeborenen Reflex zum Aufblühen. Das Einzige, was du tun darfst, ist immer wieder das zu entglauben, was deinem Spirit nicht entspricht. Das zu entlernen, was deinem Aufblühen nicht dienlich ist, und all das aus deinem Bewusstsein zu entfernen, was dir deine Freiheit raubt und dich einengt. Das ist der Punkt, an dem du nun auf die Suche gehen darfst: Scanne dein Leben in jeder Ecke ab. Sortiere all das aus, was dich daran hindert, dein seelisches Destillat zu leben. Manchmal sind es Gegenstände wie alte Kleidungsstücke oder ein Möbelstück. Manchmal geht es aber auch um Verpflichtungen, die dir und anderen nicht mehr dienlich sind. Manchmal geht es um Menschen, denen du nichts mehr zu geben hast und die dir nichts mehr geben.

Deinen Spirit zu leben, heißt, deine Wahrheit
zu leben und der Weisheit deines Herzens
mehr Raum zu geben. Lieber noch heute
als gestern und lieber zu früh als zu spät.
Denn jeder einzelne Tag in deinem Leben zählt.

Warum Vergebung nur ein Konzept ist

Lass dich nicht davon einschränken, unbedingt vergeben zu wollen

Die Liebe wird dich finden. Das ist keine Theorie oder Prophezeiung. Es ist der Sinn deines Seins. Du bist gemacht aus Liebe und für Liebe, damit Liebe durch dich in die Welt fließen kann.

Hast du schon einmal versucht, jemandem, der dich zutiefst verletzt und hintergangen hat, zu vergeben und dich zu versöhnen? Falls ja, dann weißt du, dass das nicht immer so einfach ist und uns sehr viel abverlangen kann. So oft hört und liest man, dass Vergebung und Versöhnung so wichtig sind und dass wir ohne sie immer in der Vergangenheit festhängen werden, unfrei für die Zukunft. Das mag alles so stimmen, aber ich möchte dir hier mal einen ganz anderen Ansatz vorstellen. Vielleicht schaffe ich es auch, dich von dieser Bürde und schwerwiegenden Aufgabe zu befreien, überhaupt vergeben zu müssen. Denn wie wäre es, wenn Vergebung gar nicht nötig ist – oder du sie zumindest auf ganz andere Weise erfahren kannst als bisher gedacht?

Klären wir zunächst den Unterschied zwischen Versöhnung und Vergebung, denn er ist bedeutsam: Bei der Versöhnung brauchst du das Gegenüber, um den Prozess abschließen zu können. Man geht von beiden Seiten aus in einen inneren Frieden und versöhnt die Situation und die Beziehung zueinander. Ganz oft ist das aber schlichtweg nicht möglich. Vielleicht hast du zu diesem Menschen gar keinen Kontakt mehr oder er ist bereits verstorben. Die Vergebung aber kannst du allein für dich tun. Viele Menschen verwechseln Vergebung mit Versöhnung, und es gibt nicht wenige, die sich versöhnen, aber den Prozess der Vergebung nicht durchlaufen. Denn dieser Prozess bezieht sich vor allem auf dich selbst – der andere wird dabei eher zu einem Tool für dich, um Vergebung gegenüber dir selbst zu praktizieren.

Warum aber ist vergeben so schwer, und warum quälen wir uns so sehr damit? Genau bei dieser Qual möchte ich ansetzen, bei dem Zwang, vergeben zu müssen. Es gibt viele Ungerechtigkeiten auf der Erde, mit denen ich nicht im Frieden bin und auch nicht im Frieden sein will. All das, was Kindern, Tieren, Menschen und der Natur tagein und tagaus angetan wird, geht mir sehr nahe, und ich nutze diese Wut in mir als Antrieb für meine Arbeit. Das heißt, ich bin im Frieden damit, dass ich nicht mit allem, was da draußen passiert, im Frieden sein kann. Und das ist einer der wichtigsten Schritte auf dem Weg, sich Vergebungskraft anzutrainieren.

*Lass den Widerstand gegenüber
deiner Nicht-Vergebung los.*

Wie oft hast du dich schon unter Druck gesetzt, vergeben zu müssen? Wie oft hast du dir Vorwürfe darüber gemacht, immer noch nicht vergeben zu haben, obwohl du schon so lange daran gearbeitet hast? Wie oft hast du über die Vergangenheit gegrübelt und dich mit dem Gedanken beinahe wahnsinnig gemacht, dass du nie Glück finden wirst, wenn du daran scheitern wirst, zu vergeben?

Ich glaube nicht, dass all dies wahr ist. Du kannst und wirst Glück finden, denn deswegen bist du hier. Du hast ein spirituelles Recht darauf, deine Fülle zu leben, und das auch, wenn du nicht zu 100 Prozent vergibst. Im ersten Schritt ist es viel wichtiger, zu akzeptieren, dass du ein Mensch bist, dass du verwundbar bist und dass dir gewisse Dinge und Menschen in der Vergangenheit wehgetan haben. Daran ist nichts Verwerfliches. Dies zu akzeptieren, bedeutet, dass du den Widerstand gegenüber deiner verletzlichen Seite verlierst. Die meisten Menschen unterdrücken diesen Teil und wollen ihn nicht sehen. Sie hüllen ihn in eine spirituelle Blase aus Licht und Liebe ein, die nach außen hin schön leuchtet, während es innen oftmals stockfinster ist.

Jetzt kommt das Erstaunliche: Wenn wir den Widerstand gegenüber unserer Unfähigkeit, komplett zu vergeben, fallen lassen, vergeben wir ganz automatisch. Diese Vergebung ist dann vor allem auf uns selbst gerichtet und hat erst einmal nichts mit dem anderen zu tun. Wir vergeben uns selbst, dass wir diese Wunde zugelassen haben, dass wir so schwach gewesen sind und dass wir es nicht vermeiden konnten, dass man uns verletzt hat. Das ist meiner Meinung nach der wichtigste Schritt im Vergebungsprozess – und genau diese Erfahrung habe ich auch in meinem Leben gemacht.

Ich hatte wirklich so viele verschiedene Dinge ausprobiert, aber da war immer noch dieses unangenehm erdrückende und aggressive Gefühl in mir, wenn ich an einen Ex-Freund dachte. Etwas in mir fühlte sich von ihm noch immer verletzt und unverstanden. Eines Tages hatte ich die Nase voll. Ich hatte keine Lust mehr darauf, immer wieder daran zu scheitern, ihm zu vergeben, und ich habe laut rausgeschrien: »Ich kann dir nicht vergeben. Es geht einfach nicht, und ich will nicht mehr dagegen ankämpfen. Ich akzeptiere das jetzt einfach!« Ich weiß nicht, was in diesem Moment mit mir passierte, aber ich spürte unmittelbar, dass eine Riesenlast von meinen Schultern fiel. Es fühlte sich so an, als hätte man mir verkündet, dass der Kampf, den ich so lange ausgefochten hatte, sinnlos ist, weil der Gegner schon längst nicht mehr auf dem Spielfeld war. Ich hatte so lange gegen ein Trugbild gekämpft. Es gab keinen Gegner mehr, und es gab nicht mal mehr ein Spielfeld. Ich hatte so lange an diesem Drama festgehalten, es war eine Art Gewohnheit geworden, krampfhaft vergeben zu wollen.

Ab diesem Tag veränderte sich alles. Und du wirst es vielleicht nicht glauben: Mein Ex meldete sich bei mir. Wir hatten schon seit Jahren nichts voneinander gehört, und jetzt schrieb er mich an. Was für ein »Zufall«! Er schrieb, dass er das Bedürfnis habe, mit mir zu sprechen und gewisse Dinge klarzustellen. Ich war mehr als baff, wie du dir vorstellen kannst, und zutiefst beeindruckt davon, dass meine Entscheidung, nicht mehr vergeben zu wollen, so starke energetische Wellen ausgelöst hatte, die auch ihn erreichten. Für mich ist das wieder ein Zeichen dafür, dass unsere Heilung immer mit der Heilung anderer Menschen zusammenhängt, ob wir das wollen oder nicht. Wenn du dich heilst, gibst du auch anderen die Möglichkeit, sich zu heilen.

Vielleicht durchlebst du etwas Ähnliches, und du möchtest dir jetzt einen Moment Zeit nehmen und diese Entscheidung für dich treffen: »Ich kann dir nicht vergeben. Es geht einfach nicht, und ich will nicht mehr dagegen ankämpfen. Ich akzeptiere das jetzt einfach!« Tu das vor allem dann, wenn es da eine Person aus der Vergangenheit oder Gegenwart gibt, der du einfach nicht vergeben kannst. Sprich die Sätze am besten ein paar Mal laut aus und versuche, es wirklich so zu meinen, wie du es sagst. Stell dir vor, dass du auf einem leeren Spielfeld stehst und dass es sich in eine wunderschöne Blumenwiese verwandelt. Das Spiel war vielleicht schon lange zu Ende, aber du warst so sehr in deinem Film gefangen, dass du das gar nicht mitbekommen hast. Beende diesen inneren Kampf. Atme durch. Du bist frei, auch wenn du nicht zu 100 Prozent vergeben konntest. Dir selbst vergibst du jetzt dafür, noch nicht vergeben zu haben.

Wenn du diesen Schritt vollendet hast, kannst du im Alltag immer wieder deine Vergebungskraft trainieren. Deine Vergebungskraft ist ein dir innewohnendes Potenzial, den tieferen (und höheren) Sinn hinter unstimmigen und schmerzvollen Momenten zu sehen und dein Anhaften an diesen Geschehnissen immer neu unmittelbar loszulassen. Jammern und Klagen wären beispielsweise das komplette Gegenteil davon, seine Vergebungskraft zu trainieren. Wenn wir im Jammermodus sind, finden wir permanent Gründe im Außen, die uns bestätigen, dass wir in einer jämmerlichen Situation sind. Wir schützen dadurch unser Opferbewusstsein und projizieren unsere eigenen Fehler und Probleme auf andere, um sie als Schuldige darzustellen.

Schuldzuweisungen sind ein ganz klares Zeichen dafür, dass wir unsere Vergebungskraft noch zu wenig einsetzen. Sie entspringen aber auch einer gewissen Hilflosigkeit und einer Unfähigkeit, Sinn im Leben zu finden. Kann es einen Sinn dahinter geben, dass Verletzungen, Leid und Schmerz auf unserer Erde passieren und ein Teil des Lebens sind? Kann es wirklich einen Sinn dahinter geben? Falls deine Antwort Nein ist, bitte ich dich, noch mal nach innen zu gehen und ganz ehrlich zu dir selbst zu sein. Waren es nicht die schmerzvollen Momente, die dich am meisten haben wachsen und stärker werden lassen? Wärst du heute der gleiche besondere und mutige

Mensch, wenn du nie verletzt worden wärst? Waren es nicht die Menschen, die dich oder andere verletzt haben, die für dich eine Inspiration dafür waren, wie und wer du nicht sein willst? Ist es nicht auch die Ungerechtigkeit auf unserer Erde, die dich dazu zwingt, etwas verändern zu wollen, noch mehr an deinen Potenzialen zu arbeiten und etwas auf dieser Erde im positiven Sinne zu bewirken? Diese Liste von Fragen könnte ich noch weiterführen, aber ich glaube, du siehst, dass da eine gewisse Wahrheit verborgen liegen könnte.

Aktuell leben wir auf unserer Erde noch das Paradigma von Schmerz und Freude. Vielleicht wird es irgendwann ein neues Bewusstsein auf diesem Planeten geben, wenn wir dieses Paradigma transzendiert haben und keinen Schmerz mehr benötigen, um aufblühen zu können. Ich befürchte aber, wir sind noch nicht so weit. Und solange wir noch nicht dort sind, ist es wichtig, sich immer wieder die Frage zu stellen: Hat diese Verletzung, die mir zugeführt wurde, irgendeinen Sinn erfüllt? Kann es sein, dass mir dieser Mensch sogar einen Gefallen getan hat, indem er mich verletzt hat, denn sonst hätte ich nie erfahren können, wie stark und widerstandsfähig ich bin? Kann es sein, dass dieser Mensch mir durch sein Handeln auch die Möglichkeit geschenkt hat, Vergebung zu trainieren und persönlich zu wachsen? Falls ja, müsstest du ihm danken. Es gäbe dann gar keinen Grund mehr für Vergebung.

Gibt es jemals einen Grund für Vergebung?
Es lohnt sich, das gesamte Konzept
Vergebung infrage zu stellen.

Und jetzt lass uns noch ein bisschen weitergehen: Kann es sein, dass du auf irgendeiner seelischen Ebene eine gewisse Abmachung mit diesem Menschen getroffen hast, dass er dir vielleicht sogar versprochen hat, dich zu verletzen, damit du daran wachsen und etwas Bestimmtes lernen kannst? Du warst damals einverstanden, denn von der seelischen Perspektive aus ist alles erst einmal nur eine Erfahrung, weder gut noch schlecht. Du vergisst als Mensch all diese Abmachungen und machst den Menschen, die sich ja eigentlich brav an die Vereinbarungen halten, Vorwürfe. Dabei haben sie alles richtig gemacht, nur hast du den Plan vergessen.

Zu erkennen, dass es nichts zu vergeben gibt und dass wir alle auf einer höheren Ebene in Liebe verbunden sind und uns gegenseitig unterstützen wollen, könnte alles verändern und dein Herz befreien. Stell dir nur mal vor, wie viel mehr Energie du zur Verfügung hättest, wenn du dich nicht mehr um Vergebung kümmern müsstest. Du hättest viel mehr Kraft für dein Leben, deine Träume und Visionen. Wie gefällt dir dieser Gedanke?

Falls er dir nicht gefällt, weißt du, dass es dir im positiven Sinne etwas geben muss, am Konzept der Vergebung festzuhalten. Vielleicht ist es einfach eine Beschäftigung, damit du dich nicht mit den

wesentlich wichtigeren Dingen in deinem Leben befassen musst. Könnte das sein? Dann würde ich sagen: Du warst nun lange genug in diesem Beschäfti-
gungsmodus, oder? Sei so mutig und so ehrlich und
beende den inneren Kampf. Ich glaube an dich.

Wie sich Selbstliebe verwirklichen lässt

Beende den Kampf mit dir selbst

Du sagst: »Zweifel sind immer da.«
Ich sage: »Zweifle auch an den Zweifeln.«

»Du liebst dich selbst einfach noch nicht genug.« »Du musst es dir wert sein, dein Leben zu leben.« »Selbstliebe ist die Basis für alles.« Ich könnte noch unendlich weitermachen mit diesen schlauen Sätzen. Ich bin mir sicher, sie kommen dir sehr bekannt vor. Vielleicht hast du sie von anderen zu hören bekommen oder du hast solche Dinge zu anderen Menschen gesagt, die nach einem Rat gefragt haben. In mir lösen diese Sätze eine Mischung aus diversen Gefühlen aus. Auf der einen Seite komplette Überforderung und Selbstzweifel und auf der anderen Seite auch etwas Hoffnung und Zuversicht, wobei diese Seite definitiv nicht so schwer wiegt wie die andere.

Jeder spricht von Selbstliebe, aber keiner weiß so genau, wie es geht. Die wenigsten können sich darunter etwas Konkretes vorstellen. Wie funktioniert

Selbstliebe und wie können wir sie verwirklichen? Wollen wir sie überhaupt verwirklichen oder verwechseln wir Selbstliebe mit Egoismus?

Lass uns all dieser Verwirrung gemeinsam ein Ende setzen und uns von der Bürde befreien, uns selbst lieben zu müssen. Es geht nicht darum, dass du dich selbst liebst. Selbstliebe ist nicht das erstrebenswerte Ziel. Das Ziel sollte sein, dass du den Kampf mit dir selbst loslässt, denn dieser Kampf kostet dich am meisten Energie.

Bevor wir hier tiefer einsteigen, möchte ich dich noch einmal mit in meine Vergangenheit nehmen. Ich bin in einer kleinen, alten Wohnung im ersten Stock aufgewachsen, mitten in der Innenstadt von Ingolstadt. Unter der Wohnung war das Wirtshaus, das mein Vater betrieb und in dem meine Mutter in der Küche arbeitete. Ich teilte mir mit meinen zwei Schwestern und meiner Oma ein kleines Zimmer. Mein Spielplatz war ein mit Autos vollgestellter Parkplatz. Die äußeren Umstände waren wirklich nicht sehr einladend, aber ich war ein glückliches Kind. Auch wenn das Haus komplett runtergekommen war, ich kein eigenes Zimmer hatte und die Umgebung für ein Kind mit dem ganzem Lärm und der Energie des Wirtshauses nicht die beste war, fühlte ich mich zu Hause sehr wohl. Dort spürte ich diese Schwingung von Liebe, und meine Großmutter sagte mir immer wieder, dass der wichtigste Reichtum der Reichtum des Herzens ist, dass meine Eltern reich im Herzen sind und dass das genügt. Für mich steckt so viel Wahrheit in diesen Worten, und sie begleiten mich bis heute.

Ab und zu besuchte ich eine Schulfreundin aus der Grundschule, und ich kann mich noch genau an die Energie in der kleinen Wohnung dort erinnern. Ich wusste, dass ihre Eltern geschieden waren, und konnte ihrer Mutter ansehen, dass sie sehr erschöpft und traurig war. Die ganze Wohnung strahlte diese Energie aus, sie war dunkel und kalt, und ich hatte damals den intensiven Gedanken: Ich möchte Licht und Liebe in all solche dunklen Wohnungen bringen.

Damals war mir nicht klar, wie ich das anstellen sollte. Aber heute weiß ich, dass das Leben mir diverse Wege gebahnt hat, um diese Mission zu erfüllen: durch meine YouTube-Videos, die CDs und vor allem auch durch meine Bücher, von denen du eines gerade in den Händen hältst. Meine größte Intention bei diesem Buch war, dass Menschen allein schon durch seine Energie ihr eigenes Licht spüren und daran erinnert werden sollen, dass sie in den Sternen geschrieben wurden.

Ich glaube daran, dass Selbstliebe und das Gefühl, geliebt zu sein, unser Grundzustand ist. Du kannst dir das wie eine Werkseinstellung vorstellen. Aber irgendwann schleusen sich andere Programme und sogar Viren in unser System, und wir glauben etwas, was unserer Grundeinstellung der Liebe nicht entspricht. Dieser Grundzustand bleibt aber immer vorhanden und unberührt. Wenn wir es schaffen, die blockierenden Faktoren, die diesen natürlichen Zustand überdecken, zu entfernen, tritt automatisch der innere Reflex der Selbstliebe zum Vorschein.

Das bedeutet, dass du nichts dafür tun kannst und auch nicht tun musst, um dich selbst mehr zu lieben. Ja, du hast richtig gelesen. Vielleicht möchtest du diesen Satz nochmals lesen. Er ist der wichtigste in diesem Kapitel.

Du kannst nichts dafür tun,
um dich selbst mehr zu lieben.
Und du musst es daher auch nicht.

Deine einzige Aufgabe ist es, den inneren Kampf mit dir selbst loszulassen. Deine spirituelle Natur wird sich dann von allein offenbaren. Du glaubst mir nicht? Das ist okay. Ich glaube daran, dass es auch dann funktioniert, wenn du nicht daran glaubst, dass es so einfach sein kann. Oftmals blockieren wir unsere Entwicklung, weil wir denken, dass Transformation kompliziert sein muss und dass das Leichte zu leicht ist, um helfen zu können. Wenn wir komplexe Methoden anwenden, gibt uns das auch das gute Gefühl von Erfolgsgarantie, und wir haben manchmal Angst, diesen Erfolg zu verpassen, wenn es zu einfach ist. Zuzulassen, dass sich die Selbstliebe entfalten kann, mag einfach sein, aber in der Umsetzung ist es nicht immer leicht. Doch es ist definitiv möglich.

Es gibt zwei verschiedene Fronten, von denen aus wir Selbstliebe erklären und für uns umsetzen können. Die eine Seite knüpft Selbstliebe an äußere

Bedingungen wie zum Beispiel Geld, Schmuck, ein luxuriöses Auto, aber auch Anerkennung, Partner, Familie und Kinder, Status. »Wenn ich diesen Status und diesen Reichtum besitze, kann ich mich selbst lieben.« Grundsätzlich ist gar nichts Verwerfliches daran, und jeder Mensch ist frei, sich diese Ziele im Außen zu setzen. Wir wissen aber alle, dass uns diese Dinge nicht glücklich machen und auch nicht unsere Selbstliebe nähren. Ich glaube, eines der schlimmsten Gefühle überhaupt ist, für irgendein Ziel alles zu geben, in der Hoffnung, dass es einen glücklich machen wird, dann dort anzukommen und zu merken, man ist kein winziges bisschen glücklicher als vorher.

Empfindungen von Glück, Freude und Erfüllung sind die Symptome der Selbstliebe, und wir müssen ihrem Ruf folgen, wenn wir mehr über Selbstliebe lernen und erfahren wollen. Das führt mich auch zur zweiten Front, der spirituellen Sichtweise auf das Thema Selbstliebe. »Du bist gut genug.« »Du bist Liebe.« »Du musst nichts tun, um dich selbst zu lieben, du bist ja Liebe.« All diese Aussagen bringen uns nicht weiter. Ich sage nicht, dass sie nicht stimmen. Meiner Meinung nach sind sie zu 100 Prozent korrekt und entsprechen unserer Werkseinstellung. Das Problem ist aber: Wenn wir von destruktiven Mustern überlagert und hypnotisiert sind, spüren wir diesen inneren Reflex der Selbstliebe nicht. Was machen die meisten spirituellen Menschen in solch einem Fall? Sie gehen in den Verdrängungsmodus und versuchen sich durch Affirmationen oder dergleichen einzureden: »Ich bin gut, ich bin Liebe.« In diesem Moment beginnt dann allerdings ein innerer Kampf zwischen den Grundeinstellungen und den Teilen im Menschen, die nicht denken, dass man gut genug und Liebe ist. Wir haben alle Erfahrungen im Leben gemacht, die unsere Überzeugung stützen, nicht gut genug zu sein. Daraus kann im Sinne der Selbstliebe nur folgen, dass auch das Empfinden okay sein darf, nicht gut genug zu sein. Doch davor flüchten viele und binden ihre Selbstliebe an nicht greifbare Faktoren. Sie verzichten oftmals auf äußeren Reichtum, manche verlangen kein Geld für ihre Arbeit und fokussieren sich nur auf ihre inneren Werte. Sind sie dadurch glücklicher als die anderen, die ihre Selbstliebe an äußere Faktoren binden? Nein, kein bissen, und glaube mir, ich kann das beurteilen. Ich bin seit über zehn Jahren ein Teil der spirituellen Szene und habe mit sehr vielen Menschen zusammengearbeitet, die sich genau in diesem Flucht- und Verdrängungsmodus befunden haben.

Doch nun lass uns mal über dich sprechen. Gibt es eine gewisse Tendenz dieser Art, die du an dir selbst beobachten kannst oder die für dich beim Lesen der letzten Absätze spürbar wurde? Zu welcher der zwei Fronten gehörst du? Oder ist es eher so, dass du permanent hin- und herswitchst und überfordert bist, weil du nicht weißt, welche die richtige ist? Ich glaube, so geht es den meisten Menschen, mir persönlich auch für viele Jahre. Ich war komplett überfragt. Ich wollte auf der einen Seite erfolgreich sein und einfach auch ein schönes Leben mit gewissen Vorzügen führen, aber auf der anderen Seite wollte ich mich davon frei machen und wusste nie so genau, was mein Ego will und was mein Herz sagt. Ich dachte immer, ich muss mich für einen der beiden Wege entscheiden – und genau das war mein Denkfehler. Erfüllung findest du in der Mitte zwischen beiden Ansätzen. Ich nenne diese Schnittmenge gern »the sweet spot of fulfillment«.

Lass den Kampf zwischen diesen zwei Wegen los. Das passiert, sobald du dich für deinen Wunsch nach äußerem Reichtum nicht verurteilst und dich aber auch für deinen Wunsch nach einem egofreien Leben anerkennst. Denn beide Formen der Erfahrung sind wichtig für dich und okay. Das eine ist nicht besser als das andere. Beide dürfen nebeneinander existieren. Du bist ein Mensch der 3-D-Welt und nicht nur Energie oder Liebe. Wie bei einem Spiel bist du als Mensch an gewisse Regeln und Tools gebunden, und dazu gehören in unserer Welt eben nun mal auch Finanzen, Status und Anerkennung durch andere. Gleichzeitig bist du aber auch ein universelles Wesen mit der Grundeinstellung von Liebe – und genau diese Liebe darfst du jeden Tag etwas mehr mit der Welt um dich herum teilen.

Weißt du, was dann passiert? Wenn du deine Liebe der Welt offenbarst, offenbart sich in dir die Liebe zu dir selbst ganz automatisch. Aber ausschließlich das wird dir langfristig als Mensch nicht genügen, denn die materielle und greifbare Komponente ist genauso wichtig wie die energetische. Beginne noch heute damit, dich für deine materiellen Wünsche und Ziele zu schätzen und sie zugleich auch nicht überzubewerten. Egal, was du an äußerem Reichtum anhäufst, es wird deinen emotionalen Zustand langfristig gesehen nicht verändern. Du kannst aber das positive Gefühl und die Energie, die du aus deinen Erfolgen ziehst, in deine spirituellen und persönlichen Ziele kanalisieren und deine Grundeinstellung immer kraftvoller »freischaufeln«.

Den »sweet spot of fulfillment« kannst du mit folgenden Einsichten jeden Tag etwas mehr hervorrufen:

* »Ich bin einzigartig und unvergleichbar. Andere stellen keinen Maßstab für mich dar, sondern lediglich eine Inspiration dafür, was ich in mir verstärken will und was nicht. Die einzige Person, mit der ich mich vergleiche, ist eine bessere Version von mir selbst.«

* »Das, was mich innerlich erfüllt und glücklich macht, entspringt weder äußeren noch inneren Faktoren, sondern meiner Fähigkeit, den Kampf mit dem Leben und mir selbst loszulassen und meine ›Werkseinstellungen‹ immer mehr an die Oberfläche kommen zu lassen.«

* »Dass ich Liebe bin, weiß ich auf einer tiefen unbewussten Ebene. Dennoch nehme ich mir die Freiheit, mir selbst immer wieder Erfolgserlebnisse zu schenken, die meinen Selbstwert stärken und mir zeigen, dass ich etwas bewirken kann. Ich liebe und akzeptiere mich auch in den Momenten, in denen ich Misserfolg erleide, und

mache mir bewusst, dass das rein gar nichts an der Tatsache verändert, dass ich gut genug bin.«

Vielleicht möchtest du mit diesen Einsichten arbeiten, sie dir aufschreiben und immer wieder in Erinnerung rufen. Es sind dann in gewisser Weise auch Affirmationen. Sie wirken aber im Zusammenhang mit dem gesamten inneren Prozess und deinen Erkenntnissen daraus ganz anders als Affirmationen, die einfach nur aus einem Mangel heraus angewandt werden.

Der sweet spot of fulfillment ist auch der sweet spot of aura: Je öfter du dich in dieser Zone befindest, desto stärker wirst du strahlen und leuchten. Dein Umfeld wird das spüren, und du wirst immer mehr zu einem Licht für andere.

Wut in Kraft verwandeln

Komm raus aus der Verdrängung und finde deine Power

*Wenn deine Seele schreit,
weißt du, dass du die Stimme deines Herzens
zu lange überhört hast.*

Wenn du dieses Buch bis hierhin gelesen hast, weißt du, wie ich zu Emotionen stehe und dass ich glaube, dass Emotionen jeder Qualität einfach nur Energien in uns sind, die in Wallung und Bewegung geraten sind. Unsere Probleme entstehen dann, wenn wir diese Emotionen nicht zulassen wollen und sie dadurch letztlich stärker machen. Denn alles, wogegen du ankämpfst, wird stärker. In Momenten, in denen wir schwach oder nicht fokussiert sind, treten alle zuvor unterdrückten Emotionen wie eine Flutwelle an die Oberfläche. Das sind die Momente, in denen du das Gefühl hast: »Das war nicht ich, es war, als hätte etwas anderes durch mich gesprochen oder gehandelt.« Wir haben alle schon mal einen Menschen mit Worten oder Taten verletzt und es irgendwie gar nicht so richtig mitbekommen. Kennst du das? Du wolltest dem anderen gar nicht wehtun, und es tat dir danach unmittelbar leid – zumal es oft unsere Liebsten erwischt. Du hast dich gefragt: »Warum habe ich das bloß getan?«

In manchen Coaching-Situationen nutze ich die Energie der Wut ganz bewusst, um einen Menschen aus seiner Geschichte und seinen Illusionen aufzuwecken. Das klingt für dich vielleicht komisch, oder du denkst dir, dass das keine liebevolle Art und Weise ist, mit anderen zusammenzuarbeiten. Das Spannende aber ist: Wir tun genau das alle immer wieder. Wir nutzen aktiv die Energie der Wut, um unseren Worten mehr Gewicht zu verleihen und um die Wahrscheinlichkeit, dass unser Gegenüber uns hört, zu erhöhen.

Früher war ich der Meinung, dass sich meine Kursteilnehmerinnen und Schüler automatisch weiterentwickeln werden, wenn ich nur liebevoll und herzlich genug zu ihnen bin. Dann aber habe ich festgestellt, dass es die meisten Menschen kalt lässt, wenn ich zu ihnen sage: Du bist gut genug, du schaffst es, es ist alles okay mit dir. Das ist für sie wie eine angenehme warme Dusche, aber es triggert und weckt sie in keiner Weise. Meine Coachings wurden für mich so ziemlich berechenbar und langweilig. Ich konnte natürlich schon dazu beitragen, dass sich etwas in den anderen verändert, aber nur kurzfristig. Das war mir nicht genug.

An dieser Stelle hat mich Jeffrey Kastenmüller sehr inspiriert, mein Lebenspartner, mit dem ich auch meinen Herzensweg teile. Ich habe miterleben dürfen, wie er Menschen mit ihrer eigenen Wut und ihren Schatten konfrontiert und wie er dabei auch mal in seiner Stimme direkter und bestimmter wurde und die Menschen wie gebannt an seinen Lippen hingen. Das waren magische Momente, wo die harte Kruste des Schutzes aufbrach und Menschen sich Dinge eingestanden, die sie vor sich selbst bislang gut versteckt hatten. Sie ließen die Fassade von falscher Positivität fallen und blickten in ihren dunklen Keller. Und dort liegt ganz oft unsere Wut versteckt.

Ich glaube nicht daran, dass wir unserer Wut verfallen oder dass die Wut uns übermannt und wir plötzlich machtlos dieser Energie gegenüberstehen. Ich glaube, in den meisten Fällen nutzen wir Wut ziemlich klar, um uns zu positionieren und unserer Umwelt deutlich zu machen: Hier bin ich, hör mir gefälligst zu. Vielleicht haben wir das sogar als kleines Kind gelernt und uns antrainiert. Wir haben erkannt, dass Wut uns einen Raum und Gehör verschafft und dass wir es so vermeiden können, unterzugehen. Ich kann mich noch ganz genau erinnern, wie ich als kleines Mädchen meine Wut nutzte, wenn meine Geschwister meiner Meinung nach schönere Geschenke erhalten hatten als ich. Ich tobte wild herum und bekam meistens am Ende das, was ich wollte. Es geht hier aber nicht um die Kindheit, sondern darum, dass wir verstehen, dass Wut manchmal ein Tool für uns sein kann, das uns hilft, ein Bedürfnis zu befriedigen. Dieses Bedürfnis ist das nach Anerkennung und Aufmerksamkeit.

Und nun ist die Frage: Gibt es Wege, auch anders Aufmerksamkeit zu erhalten? Ich denke, du wirst mir zustimmen, wenn ich sage, dass es sehr wohl viele andere Wege dafür geben kann. Das Problem ist nur die aktuelle Situation in unserer Welt. Die meisten Menschen sind komplett überreizt und überfordert, und alles im Außen schreit nach ihrer Aufmerksamkeit. Gleichzeitig werden wir immer ungeduldiger, und wir wollen, dass Dinge immer schneller passieren: Wir wollen eine schnellere Internetverbindung, wir wollen, dass unsere beste Freundin unmittelbar antwortet, wenn wir ihr eine Nachricht schicken, wir wollen, dass unser Paket noch heute ankommt und so weiter. Wir leben in einer Welt voller Menschen mit Ungeduld und einer sehr geringen Aufmerksamkeitsspanne. Das merkt man auch an den YouTube-Videos, die immer kürzer werden, weil die Leute sich auf nichts wirklich einlassen wollen. Ich persönlich muss mich selbst immer wieder im Auge behalten, um nicht dieser Hektik zu verfallen. Das ist wirklich nicht so einfach.

Was aber hat all das mit Wut zu tun? In einer Welt, in der Menschen niemandem wirklich Aufmerksamkeit schenken wollen und auch nicht mehr können, erregt Wut dann eben doch Aufmerksamkeit. Den Beweis dafür habe ich so oft schon erhalten. Ab und an mache ich zum Beispiel ein Video, um meiner Wut über gewisse Ungerechtigkeiten in der Welt Luft zu verschaffen. Und weißt du, was das Spannende ist: Diese Videos haben die meisten Aufrufe und werden am häufigsten geteilt. Es scheint irgendeinem Teil in uns zu gefallen, wenn wir Wutenergie erleben, egal ob das unsere eigene Wut ist oder die von jemand anderem. Ich glaube sogar, dass Wut uns fasziniert und magisch in den Bann zieht. Es ist, als ob wir riechen würden, dass Wut nicht einfach nur schlecht ist, sondern dass in ihr immens viel Kraft schlummert.

Diese Kraft kann zu deinem persönlichen Antrieb in deinem Leben werden. Ich werde dir jetzt nicht raten, Wut in Liebe zu verwandeln. Ich bin mir sicher, das hast du schon oft gelesen und vielleicht auch ausprobiert. Und vielleicht hat es geklappt. Dann hast du mir etwas voraus. Denn in meinem Fall hat es nie funktioniert. Immer wenn ich versuchte, die Wut ins Positive zu verwandeln, wurde die Wut noch größer, und ich wurde auch noch wütend auf mich selbst, weil ich es nicht schaffte, die Wut in Liebe zu überführen.

Wie wäre es, wenn wir einen ganz anderen Ansatz verfolgen und die Wut sogar verstärken? Stell dir das wie bei einem Dampfkochtopf vor. Wir erhöhen immer mehr den Druck im Topf, indem wir uns voll und ganz auf die Wut einlassen, sie spüren, sie atmen, diese Energie und Hitze im Körper spüren und sie einfach zulassen. Das ist ein Prozess, den du allein und nur für dich durchlaufen solltest. Ich sage ganz klar nicht: Geh raus und wüte in der Gegend herum. Du bist ganz bei dir und lässt diese Energie hochkommen, vielleicht willst du ihr einen Ton geben, singen oder schreien, dich wie ein wildes Raubtier bewegen oder am Boden wälzen. Wenn du das allein machst, dann hast du dabei auch keine

Hemmungen. Du wirst in wenigen Momenten spüren, dass diese stechende Hitze der Wut abklingt und einfach nur Vibration und Energie in deinem Körper zurückbleibt. Und genau mit dieser Energie setzt du dich hin, schließt deine Augen und fragst dich, was du für dich, dein Leben und diese Welt erschaffen möchtest. Mit dieser Frage wirst du die Energie ganz automatisch genau dorthin lenken, wo du etwas erschaffen kannst.

Deine Wut kann dir zeigen, was du nicht leben möchtest. Vielleicht bist du wütend auf all die Konzerne und Firmen, die Tiere missbrauchen. Dann lenke diese Energie in das, was du verstärken möchtest, und weniger in das, was du bekämpfen willst. In diesem Fall lenkst du sie auf das Bewusstsein der Menschen für die Tiere, ihre Ernährungsweise und ihren Lifestyle.

Es gibt so viele Menschen, die ihr Leben lang gegen etwas ankämpfen, die Politik, ihre Familie oder ihren Chef. Sie merken gar nicht, wie viel Energie ihnen das raubt, weil Kampf und Wut uns immer einen kurzfristigen Energieshot geben, aber langfristig all unsere inneren Batterien leeren. Manche werden süchtig nach diesen Energieshots und wissen gar nicht mehr, warum sie wütend sind. Es geht ihnen nur noch um den Akt des Kampfes, und sie verlieren ihre Vision und ihr Warum.

Wut ist nicht schlecht, sondern pure Energie.
Nutze sie weise und bewusst für
deinen Antrieb oder dafür, andere Menschen
aus ihrem Film zu reißen.

Eine akute Wut ist die Gelegenheit für dich, dir die Frage zu stellen: »Was möchte mir meine Wut zeigen?« Sie zeigt dir das, was du nicht leben möchtest. Nutze all diese Wutenergie, um dich noch mehr damit zu verbinden, was du im positiven Sinne für diese Welt und dich erschaffen möchtest. Und das Wichtigste: Vergiss niemals, dass du stärker bist als deine Wut und dass du Wut als Tool für deine Kraft nutzen kannst. Wut hat keine Macht über dich. Du hast die Kontrolle über deine Wut, weil du sie nicht mehr fürchtest und nicht mehr unterdrückst.

Selbstheilung
und die Heilung der Erde

Beide sind unzertrennlich

Wir leben in intensiven Zeiten.
Es findet eine Reinigung der Energien statt, Dinge
sortieren sich neu, Menschen kommen und gehen,
alter Schmerz erwacht.
Bleib ruhig und hab Geduld mit dir.
Eine neue Ordnung wird sich einstellen.

Als ich Marie das erste Mal sah, war ich voller Zuversicht: Diese Frau wird es schaffen, sich selbst zu heilen. Sie suchte mich in einer sehr schwierigen Phase ihres Lebens auf. Ihr ganzer Körper war von Krebs befallen, und die Ärzte hatten keine Hoffnung mehr, dass sie jemals wieder gesund werden könnte. Äußerlich sah sie so zerbrechlich aus, aber wenn man in ihre Augen blickte, sah man diese unendliche Liebe und das Strahlen ihrer Seele.

Ich gab alles in meiner Macht Stehende, aber nichts half langfristig, und Marie verstarb etwa sechs Monate nach unserer ersten Sitzung. Ich denke heute noch an sie, und es geht mir immer wieder dieselbe Frage durch den Kopf: Hatte ich etwas übersehen? Hätte ich vielleicht noch diese oder jene Technik anwenden sollen? Warum konnte ich nicht helfen? Warum halfen all die Dinge nicht bei ihr, die bei anderen an Krebs erkrankten Klienten von mir wunderbar funktioniert hatten? Diese Selbstgespräche entspringen meinem immensen Hunger danach, Menschen zu helfen, sich selbst zu heilen. Dieser Hunger nach Lösungen und Heiltechniken hat mich mein Leben lang nicht losgelassen. Heilung steht im Mittelpunkt von allem, was ich tue und weitergebe. Und obwohl ich schon sehr vielen Menschen helfen konnte, gab es auch jene, bei denen mir die Hände gebunden waren. Ich war machtlos gegenüber der Nicht-Heilung, aber gleichzeitig hat mich diese Nicht-Heilung auch sehr viel gelehrt.

Ich habe begonnen, die Parallelen und Muster zu analysieren, um die wahre Ursache hinter Nicht-Heilung und somit die Ursachen der Selbstheilung zu finden – und genau das möchte ich mit dir zum Schluss dieses Buches teilen. Ich bin der absoluten Überzeugung, dass du keinen Heiler brauchst, und falls doch, kommt nur ein Einziger für dich infrage: Das ist der Heiler, der gerade diese Zeilen liest, du selbst. Über Heilung machen sich die meisten Menschen erst dann Gedanken, wenn es ihnen schlecht geht, und das bringt mich bereits zur ersten Heilungsblockade.

Schmerz als Antrieb
für Veränderung

Viele Menschen warten auf einen Schmerz oder ein Leiden, um sich verändern zu können. Sind wir doch mal ehrlich. Die wenigsten von uns verändern sich oder entwickeln sich weiter, wenn die Dinge gut laufen. Es sind Herausforderungen oder Schmerzen, die einen sensiblen Punkt in uns treffen und uns zum Nachdenken anregen. Wir beginnen in den meisten Fällen, uns neue Fragen zu stellen: »Warum leide ich, warum passiert mir das, was will mir das Leben damit sagen?« Es kann aber auch sein, dass wir den Schmerz übertönen und uns ablenken, bis der nächste Schmerz um die Ecke kommt, der den ersten noch übersteigt. Das kann sehr lange so weitergehen, bis wir irgendwann die Stimme des Schmerzes nicht mehr ignorieren können und uns verändern müssen. Ich wünsche es dir, mir, uns allen, dass wir nie an den Punkt kommen, wo Veränderung durch unaushaltbaren Schmerz getriggert wird und wir vom Schmerz in die Knie gezwungen und regelrecht genötigt werden, uns zu verändern. Vielleicht muss aber auch jeder von uns mal an diesem Punkt gewesen sein, um sich selbst komplett neu ordnen und nach neuen Idealen und Werten ausrichten zu können. Mittlerweile kennst du meine Geschichte etwas, und du weißt, dass ich diese Phasen im Leben hatte und sie heute nicht mehr missen will. Aber als ich mitten im Schmerz war, empfand ich alles einfach nur grauenvoll und wie eine

Bestrafung. Heute weiß ich, dass meine dunkelsten Stunden die waren, die mir den Weg ins Licht gezeigt haben.

Aber wie wäre es, wenn wir nicht so lange warten und den Schmerz nicht dafür instrumentalisieren müssten, uns aufzubrechen? Wenn wir uns stattdessen verändern, weil wir wissen, dass Wandel die einzige Konstante in unserem Leben ist? Ich glaube, du bist bereits an diesem Punkt. Sonst würdest du wahrscheinlich dieses Buch nicht lesen. Wir haben aber alle Bereiche in unserem Leben, wo wir nicht wachsen wollen und lieber in alten Mustern bleiben. Wenn du Lust hast, geh für einen Moment in dich und frage dich, welche Bereiche deines Lebens resistent gegenüber Veränderung sind, vielleicht gesundheitlich, partnerschaftlich, beruflich, familiär. Stell dir die Frage, was du heute noch tun könntest, um dem Leben zu »beweisen«, dass du auch in diesen Bereichen offen und bereit für Veränderung bist. Dann geh einen kleinen Schritt in Richtung dieser Veränderung, und du wirst staunen, was dann passieren wird. Du wirst ganz automatisch immer mehr Gefallen daran finden, neue Dinge auszuprobieren. Es werden wundervolle neue Erfahrungen auf dich warten, mit denen du vielleicht gar nicht gerechnet hattest.

Verbindungen zu anderen Menschen

Manchmal wissen wir ganz genau, was wir verändern wollen, aber irgendetwas scheint uns zurückzuhalten und zu blockieren – und da kommt die nächste Heilungsblockade zum Zuge: andere Menschen.

Die Verbindung zu anderen Menschen ist essenziell wichtig für uns, und gleichzeitig können diese Verbindungen auch toxisch sein und uns davon abhalten, uns selbst zu heilen. Ja, sie können uns sogar krank machen. Heute glaube ich, dass das einer der wichtigsten Gründe war, warum ich Marie nicht helfen konnte. Durch ihre Krankheit hat sie all die Aufmerksamkeit von ihrem Mann erhalten, die sie sich jahrelang gewünscht hatte. Nebenbei hatte sie das immer wieder mal in den Sitzungen erwähnt. Er war auch derjenige, der sie zu jeder Sitzung begleitete und ihr die Zeit und Zuneigung gab, die sie als gesunde Marie nicht erhalten hatte. Ich glaube, dass jeder von uns einen Teil in sich trägt, der für die Liebe von anderen alles geben würde, sogar die eigene Gesundheit. Marie hatte mir auch erzählt, dass ihr Mann sie vor einigen Jahren betrogen hatte, und ich sah ihr an, dass es sie noch schmerzte. Könnte es sein, dass ihre Krankheit unbewusst die perfekte Rache war und Marie es so schaffen konnte, ihrem Mann all den Schmerz zurückzugeben, den er durch seinen Betrug in ihr verursacht hatte? Könnte es sein, dass die Verbindung zu ihrem Mann, die nicht ausschließlich auf Liebe basierte, sondern auch auf Nicht-Vergebung, Verletzung und unbefriedigten

Bedürfnissen, ihre Krankheit manifestiert hatte? Ich glaube, das war ein ganz wichtiger Faktor, und ich wünschte, ich hätte das damals gewusst und erkannt, was ich heute sehe: Viele unserer Probleme, wenn nicht sogar die meisten, entstehen aufgrund einer negativ schwingenden Verbindung zu anderen Menschen. Das sind meist Menschen, die uns nahestehen oder nahestanden, wie zum Beispiel die eigenen Kinder, der Partner, die Eltern oder Freunde. Wenn wir daran scheitern, eine Verbindung von Herz zu Herz aufzubauen und nicht ehrlich, offen und verwundbar miteinander sind, bauen wir automatisch Kopf-zu-Kopf-Verbindungen auf. Diese aber gehen von unserem Ego aus und blockieren den Fluss der Liebe füreinander. Unsere Gefühlen werden verfärbt von Befürchtungen, Erwartungen und unbearbeiteten Gefühlen.

Während du diese Zeilen gerade eben gelesen hast, kamen vielleicht Impulse in dir hoch, und du musstest ganz spontan an gewisse Menschen aus deinem Leben denken, die deine Selbstheilung auf irgendeine Art und Weise blockieren könnten. Folgende Fragen können dir helfen, noch genauer zu spüren und zu wissen, wer dich auf welche Art beeinflussen könnte: »Kann es sein, dass ich mich nicht verändern will, weil ich Angst habe, dass unsere Verbindung dann verloren geht?« »Erhoffe ich mir durch mein aktuelles Problem die Aufmerksamkeit oder Liebe von diesem Menschen?« »Gibt es unausgesprochene Dinge zwischen uns, und warum fehlt mir der Mut, ehrlich, offen und verwundbar zu sein?« »Hege ich noch inneren Groll gegenüber diesem Menschen, und warum halte ich noch daran fest?« »Zieht dieser Mensch irgendeinen Vorteil daraus, wenn ich nicht geheilt werde?« Arbeite immer wieder mit diesen Fragen. Manchmal genügt es, die Frage zu stellen. Du brauchst nicht nach Antworten zu suchen. Die Antworten werden dich finden, wenn du für sie bereit bist.

Beschäftigungsmodus – wichtiger als Heilung

Das geht jetzt wirklich zu weit, denkst du dir vielleicht bei dieser Überschrift. Viele Menschen reagieren wütend, wenn ich sie damit konfrontiere, dass ihre Beschäftigung mit ihrer Selbstheilung ihnen wichtiger als die tatsächliche Heilung sein könnte. Wenn das passiert, weiß ich, ich habe den richtigen Knopf gedrückt. Sie wollen in Wahrheit gar nicht geheilt werden, denn wenn sie geheilt sind, womit beschäftigen sie sich dann? Dann müssten sie sich vielleicht mit ihrem Potenzial und ihren Talenten befassen und sich weiterentwickeln. Oder was, wenn sie geheilt sind und ein noch viel größeres Problem auf sie wartet? Und was, wenn sie sich selbst gar nicht wiedererkennen, wenn das Problem wegfällt und sie nichts mehr haben, womit sie sich identifizieren könnten?

Sich mit diesen Dingen auseinanderzusetzen, erfordert sehr viel Mut und Ehrlichkeit, und vielen

Menschen tut dieser Bereich ihrer Verwundbarkeit mehr weh als das Leiden selbst. Sie bleiben lieber in ihrer Leidensspirale, und das manchmal ein ganzes Leben lang.

Warum gibt es denn so viele Heiltechniken, so viele spirituellen Seminare und so viele Selbsthilfebücher? Es gibt einen ganz einfachen Grund dafür: Sie funktionieren alle nicht oder nur kurzfristig, solange dieser Punkt außer Acht gelassen wird. Eines habe ich in all den Jahren Heilarbeit gelernt: Ich kann nie gegen den Willen eines Menschen arbeiten, und manchmal will der Mensch Dinge, die ihm selbst nicht bewusst sind. Manchmal ist es jemandem wichtiger, sich mit etwas zu beschäftigen und an einem Thema herumzuknabbern, als wirkliche Ergebnisse zu erzielen. Denn dann ist er beschäftigt. Beschäftigt und sogar gestresst zu sein, gibt uns einen Energieschub und das Gefühl, wichtig und bedeutend zu sein. So wurden viele von uns von klein auf programmiert: Wir verbinden Beschäftigung mit Selbstwert.

Dein Wert ist aber an nichts und niemand gebunden, und irgendetwas dort draußen, nenn es Universum, Liebe oder was auch immer, hat entschieden, dass du gut genug bist und deine Existenz allein dir schon so viele Gründe dafür gibt, dich wichtig und bedeutsam zu fühlen.

Ich glaube, es gehört zum Spiel des Lebens, uns immer wieder über unsere Beschäftigungen im Außen zu identifizieren. Aber wenn wir uns ausschließlich dann wertvoll fühlen, wenn wir »arbeiten«, kann das zerstörerische Auswirkungen auf uns haben. Das habe ich am eigenen Leib erlebt, weil ich dieser Lüge verfallen war, dass Arbeit und Leistung über meinen Wert bestimmen. Sie mögen ein wichtiger Teil der menschlichen Existenz sein, aber nicht der einzige. Dein Sein, deine Energie, allein die Tatsache, dass es dich gibt, dass dein Herz in deinem Brustkorb bebt und dein Atem deine Brust füllt, sind ausreichende Gründe dafür, dich wertvoll und wichtig zu fühlen. Vielleicht möchtest du dir das immer wieder einprägen:

»Mein Sein, meine Energie, allein die Tatsache,
dass es mich gibt, dass mein Herz pocht
und ich atme, sind genügend Gründe dafür,
mich wertvoll und geliebt zu fühlen.«

Ich glaube daran, dass wir alle einen angeborenen Reflex zur Selbstheilung haben. Es gibt einen instinktiven Teil in uns, der ganz genau weiß, wie Heilung funktioniert. Dieser Teil wird aber zu oft blockiert oder gestört: von destruktiven Gewohnheiten, alten Programmierungen, zerstörerischen Maßstäben der Gesellschaft in Bezug auf Altern und Degeneration, dem Drang, sich vor anderen beweisen zu wollen, von der Unterdrückung der eigenen Schatten und Emotionen, von der Unfähigkeit, einen gesunden Lifestyle in Anlehnung an die Naturgesetze zu leben, und und und. Ich könnte die Liste noch ewig fortführen. All diese Faktoren können den natürlichen Reflex der Heilung blockieren – aber er selbst bleibt unangetastet. Denn egal, wie lange du herumirrst, wie lange du deine Selbstheilung sabotierst, wie lange du leidest, wie lange du Mittel und Methoden ausprobierst, die letztlich nichts bringen, egal wie lange du dich selbst nicht heilen kannst, den Reflex der Heilung kann nichts zerstören.

Er wird immer ein Teil von dir sein und niemals aufhören, für dich und deine Heilung zu arbeiten. Bitte gib dich und deine Heilung nicht auf! Wenn du dich davon berührt fühlst, setz ein Zeichen und notiere dir gleich jetzt, was du heute noch tun oder verändern willst, um deinen Reflex der Selbstheilung zu unterstützen. So unterstützt du dich, aber auch mich und letztlich alle Wesen, das Feld der Heilung für uns alle jetzt und heute zu stärken.

Danke
Von Herz zu Herz, Bahar

Schluss und Dank

Es ist ziemlich in Mode gekommen, sich mit dem eigenen Zukunftsselbst zu verbinden, das bereits dort ist, wo man selbst hinkommen möchte. Ich habe dieses Buch aber weder für dein noch für mein Zukunftsselbst geschrieben. Ich habe es für dich und für mich im Hier und Jetzt geschrieben und auch für die Versionen von dir und mir, die vielleicht noch irgendwo in einem alten Schmerz festhängen. Ich habe dieses Buch auch für die Bahar von damals geschrieben, die keinen Ausweg kannte und so sehr daran zweifelte, überhaupt lebenswert oder gar liebenswert zu sein. Vielleicht lebst du aktuell genau diese Version, oder in dir schmerzt noch diese vergangene Version von dir, die ähnlich empfunden hat wie ich damals. Ich habe dieses Buch für dich und für mich geschrieben, mit meinem ganzen Herzen und meiner ganzen Seele. Ich wünsche mir von Herzen, dass du spüren kannst, wie sehr ich an dich glaube und wie sehr ich in dir etwas sehe, was mithelfen kann, unsere Erde zu heilen.

Ich möchte dieses Buch mit einem Dank beenden. Denn ich wäre heute nicht der Mensch, der ich bin, wenn es nicht diese besonderen Menschen gegeben hätte, die immer an mich geglaubt haben. Zuerst meine Eltern: Sie hatten es alles andere als leicht mit mir, und egal wie sehr ich in meiner Jugend gegen sie rebellierte: Sie standen immer zu mir und haben darauf vertraut, dass ich meinen Weg finden würde. Meine Liebe zu euch ist nicht in Worte zu fassen. Danke.

Öz und Özlem, meine Schwestern, sind für mich ein Stück Seelenheimat, und mein Leben wäre ohne sie farblos. Danke für euer Sein und eure Liebe.

Danke, Jeffrey. Dass es so etwas hier auf Erden geben kann, hätte ich nie gedacht. Dass ein einziger Mensch für mich so viel sein kann, hätte ich nie für möglich gehalten. Du bist meine große Liebe, mein bester Freund, mein Lieblingskollege, meine Familie und noch so viel mehr als das. Danke, dass du mich in so vielen Punkten meines Lebens inspirierst, mich immer wieder aus meiner Komfortzone lockst und mir Welten zeigst, die für mich unerdenklich waren.

Ganz intensiv möchte ich mich bei dir bedanken, die oder der du dieses Buch liest. Vielleicht sind wir uns schon einmal begegnet, vielleicht hast du schon einmal einen Onlinekurs mit mir durchlaufen, vielleicht ist dieses Buch unser erster Kontakt. Ich danke dir in jedem Fall für deine Zeit, deine Energie und deine Liebe. Diese drei Dinge sind die wichtigste Investition in die Heilung der Erde und in deine eigene. Nutze sie bewusst und gezielt, und füttere damit jeden Tag etwas mehr das Licht deiner Sterne. Du wurdest in den Sternen geschrieben. Mögest du dieses Wissen mit diesem Buch noch ein Stück mehr verinnerlicht haben. Und möge es deinen weiteren Weg auf allerschönste Weise prägen. Danke!

Über die Autorin

Danke, dass ich dich mit meinem Buch inspirieren durfte. Mein ganzes Leben lang haben mich die Themen Persönlichkeitsentwicklung, Meditation & Transformation nicht losgelassen. Ich war schon von klein auf fasziniert von dem Gedanken, mit Menschen zusammenzuarbeiten, und therapeutische Berufe haben mich magnetisch angezogen. Es war aber nicht die Schulmedizin, die mich beeindruckte, sondern alternative Methoden, die der Weisheit alter Traditionen und revolutionärer Ansätze der Heilung entspringen. Ich wusste, das ist mein Weg.

Es gab allerdings ein paar Abzweigungen, die ich nahm, bevor ich meinem Herzensweg voll und ganz folgen konnte. Ich studierte BWL und arbeitete in einer großen Firma – bis zu dem Tag, als ich alles hinschmiss und nicht mehr anders konnte, als meinen Weg zu betreten. Seit diesem Tag sind nun gut vierzehn Jahre vergangen, und ich liebe es immer noch so stark wie am ersten Tag, mit Menschen zusammenzuarbeiten, sie zu inspirieren und ihnen Wege aufzuzeigen, ihr eigenes Licht und ihre Kraft mit der Welt zu teilen. Ich hatte das Privileg, mit Tausenden von Menschen zusammenzuarbeiten, Familien und Unternehmen zu coachen und Themen wie

Bewusstsein, Weiterentwicklung, Meditation und Transformation einen Raum zu geben.

Seit vielen Jahren bilde ich Coaches aus, die meine Tools weitergeben und so dieses Feld der Transformation zusätzlich nähren. Zusammen mit meinem Partner Jeffrey Kastenmüller biete ich Seminare, Ausbildungen und Events an, die das Leben vieler Menschen transformieren durften. Es ist mir eine Ehre, auch dich ein Stück weit auf deinem Weg begleiten zu dürfen. Danke.

Du möchtest mehr über mich und meine Arbeit erfahren? Auf diesen Seiten wirst du fündig:

Offizielle Website
www.baharyilmaz.com

Website zum Buch
(hier findest du auch exklusive Geschenke wie kostenlose Sessions und ein Kartendeck aus zwanzig Inspirationskarten.)
www.indensternen.com

New Spirit Podcast –
der Podcast für moderne Spiritualität
www.baharyilmaz-blog.com/podcast/

Online-Trainings mit
Bahar Yilmaz & Jeffrey Kastenmüller
www.baharjeffrey.com

Verbinde dich gern mit mir auf Instagram &
Facebook und markiere mich in deinen Posts und
Storys. Ich werde gern einen Repost machen.

Instagram:
www.instagram.com/baharyilmaz_official/

Facebook:
www.facebook.com/baharyilmazmedium